Albrecht Mendelssohn Bartholdy
Graduate School of Law

Schriften der Albrecht Mendelssohn Bartholdy
Graduate School of Law

herausgegeben von

Prof. Dr. Stefan Oeter,
Lehrstuhl für Öffentliches Recht, Völkerrecht und ausländisches öffentliches Recht, Universität Hamburg

Prof. Dr. Tilman Repgen,
Lehrstuhl für Rechtsgeschichte, Privatrechtsgeschichte der Neuzeit und Bürgerliches Recht, Universität Hamburg

Prof. Dr. Hans-Heinrich Trute,
Lehrstuhl für Öffentliches Recht, Medien- und Telekommunikationsrecht, Universität Hamburg

Band 1

Judith Brockmann/Arne Pilniok/Hans-Heinrich Trute/
Eike Westermann (Hrsg.)

# Promovieren in der Rechtswissenschaft

## Zwischen Individualbetreuung und strukturierten Programmen

Nomos

**Die Deutsche Nationalbibliothek** verzeichnet diese Publikation in der Deutschen Nationalbibliografie; detaillierte bibliografische Daten sind im Internet über http://dnb.d-nb.de abrufbar.

ISBN 978-3-8487-2376-8 (Print)
ISBN 978-3-8452-6540-7 (ePDF)

1. Auflage 2015

# Vorwort

Was macht die Qualität rechtswissenschaftlicher Promotionen aus und welche institutionellen Antworten gibt es auf die gegenwärtig zu beobachtenden Probleme? Angesichts der Kritik an der traditionellen Individualpromotion und dem Entstehen strukturierter Doktorandenprogramme geht der vorliegende Band diesen Fragen nach. Er dokumentiert Beiträge der Tagung, die die Albrecht Mendelssohn Bartholdy Graduate School of Law gemeinsam mit dem Zentrum für rechtswissenschaftliche Fachdidaktik der Universität Hamburg im März 2014 veranstaltet hat.[1] Die Graduiertenschule – eine der ersten bundesweit in der Rechtswissenschaft – bietet strukturierte Promotionsprogramme an, die insbesondere auf analytisch-reflexive und interdisziplinäre Dissertationsvorhaben ausgerichtet sind und alle Teilbereiche der Rechtswissenschaft umfassen. Der Name der Graduiertenschule spiegelt die Orientierung an Grundlagen, Internationalität und Interdisziplinarität wider, die das Leben und das wissenschaftliche Werk unseres vormaligen, später in die Emigration gedrängten Hamburger Kollegens Albrecht Mendelssohn Bartholdy kennzeichnen.[2]

Die Graduiertenschule will einen Raum für wissenschaftlichen Austausch schaffen, der Disziplin-, Fach- und Ländergrenzen überschreitet. Sie möchte Arbeiten fördern, die auch einen Beitrag zu den Grundlagen der Rechtswissenschaft leisten, theoretische und methodische Grundfragen reflektieren oder Themen aus Referenzgebieten in einen solchen übergreifenden Zusammenhang einbetten. Von daher freuen wir uns, dass dieser auf die Reflexion der Graduiertenausbildung angelegte Band die Schriftenreihe der Albrecht Mendelssohn Bartholdy Graduate School of Law eröffnet.

Schon in den historisch orientierten einleitenden Bemerkungen von *Tilman Repgen* wird deutlich, dass das Ringen um die Gestaltung und Qualität der Promotionen in der Rechtswissenschaft so alt sind wie das Promotionswesen selbst. Die Beiträge können daher auch als eine kritische Be-

1 Siehe die Tagungsberichte von *Naeve*, in: NordÖR 2014, S. 308 ff. sowie *Kulow*, in: ZDRW 2014, S. 369 ff.

2 *Nicolaysen*, Albrecht Mendelssohn Bartholdy (1874-1936): Jurist, Friedensforscher, Künstler, in: RabelsZ 75 (2011), S. 1 ff.

gleitung der aktuellen Diskussionen und Entwicklungen verstanden werden.

Für Dissertationen besteht wie in der Rechtswissenschaft allgemein ein Spannungsfeld zwischen Professionsausbildung und der Einbettung der Forschungsbeiträge in die Wissenschaft andererseits. Das wirft zugleich die Frage nach Qualitätskriterien für rechtswissenschaftliche Dissertationen auf, an denen sich die Ausgestaltung der Promotionsphase ausrichten kann. *Stephan Rixen* nimmt eine Bestandsaufnahme vor und erörtert Rahmenbedingungen, Kriterien und Verfahren der Promotion in der Rechtswissenschaft. Diesen Fragen widmet sich auch *Jakob Tesch*, der auf empirischer Grundlage rechtswissenschaftliche Promotionen im Fächervergleich untersucht.

Die sich wandelnden Anforderungen hängen eng mit einer Auseinandersetzung um die Spezifika der rechtswissenschaftlichen Forschung zusammen, die nicht zuletzt von Strukturveränderungen des Wissenschaftssystems beeinflusst werden. In diesem Sinne setzt *Mark Van Hoecke* sich mit den Konzeptionen der Rechtswissenschaft und Methodenausbildung im Hinblick auf die Promotion auseinander. Der erfolgreiche Abschluss einer Promotion erfordert Kompetenzen, die nicht erst während der Arbeit an der Dissertation ausgebildet werden können und sollen. Das wirft die Frage nach der strukturellen Einbettung von forschungsorientierten Elementen während des Studiums auf. In diesem Sinne befasst *Peter Tremp* sich in seinem Beitrag mit „Forschungsorientierung als didaktische Leitidee – Studienstufen als curriculare Strukturierung“. Einen Einblick in die Diskussionen bei der Einbindung des Promotionswesens in Bachelor-Master-Strukturen gibt *Michelle Cottier* mit ihrem Beitrag „‚Bologna III‘ als Beschleuniger: Aktuelle Entwicklungen des rechtswissenschaftlichen Doktorats in der Schweiz“.

Von nicht zu unterschätzender Bedeutung in der Promotionsphase ist die angemessene Betreuung. In diesem Sinne untersuchen *Kai-Olaf Maiwald* und *Marc Torka* aus professionssoziologischer Perspektive Betreuungsverhältnisse in ihrem Beitrag „Die Krise als Normalfall. Zur Professionalisierung des Promovierens und der Promotionsbetreuung aus soziologischer Sicht“. Bisher kaum beleuchtet ist die externe Governance der Promotionen durch Finanzierungsstrukturen, deren Relevanz insbesondere mit der Etablierung von Graduiertenprogrammen steigt. Drittmittelgeber verfügen über spezifische Qualitätskriterien, die mit wissenschafts- oder organisationsinternen Kriterien kollidieren können. Damit zusammenhängende Fragen erörtern *Arne Pilniok* und *Hans-Heinrich Trute* in ihrem Beitrag.

Unser Dank gilt den Referentinnen und Referenten, aber auch *Margrit Brüggemann* für die Betreuung des Tagungsbüros, *Christian Uffelmann* für die Organisation sowie *Frieda Boekhoff*, *Heike Jansen* und den beteiligten studentischen Hilfskräften für die tatkräftige Unterstützung bei der Durchführung der Tagung.

Hamburg, im März 2015

*Judith Brockmann*
*Arne Pilniok*
*Hans-Heinrich Trute*
*Eike Westermann*

# Inhalt

# „Rerum cognoscere causas" – Überlegungen zum Promotionsstudium*

*Tilman Repgen*

Die ZerF-Tagung im März 2014 rückt die Phase nach dem Erreichen des ersten akademischen Abschlusses in den Mittelpunkt, die Graduate-Phase, in der die Promotion mindestens zahlenmäßig die größte Rolle spielt. In Deutschland erreicht man diese Phase in der Rechtswissenschaft in der Regel mit der Ablegung des ersten Staatsexamens, der ersten Prüfung, über die das ZerF bereits vor zwei Jahren nachgedacht hat. Eine „Prädikatsnote" im ersten Examen ist das wichtigste Eintrittsbillett in die Graduate-Phase.

Es versteht sich fast von selbst, dass diese Zeit nach dem Examen nicht völlig losgelöst von dem zu betrachten ist, was die Universität zuvor mit ihren Studierenden getan hat oder mindestens hätte tun sollen. Die langen Debatten um die Wissenschaftlichkeit des Studiums, den Stellenwert der Grundlagenfächer, die Bedeutung der Dogmatik usw. haben Eingang gefunden in das mindestens politisch wichtige Gutachten des Wissenschaftsrats vom Dezember 2012.[1] Die neue Studienordnung unserer Fakultät, die in wenigen Tagen in Kraft tritt, versucht hier praktische Antworten zu geben. Das lassen wir jetzt aber einmal beiseite. Es geht heute um die Zeit danach. Unsere Fakultät hat im Jahr 2011 die Gründung einer allgemeinen, thematisch nicht fokussierten Graduiertenschule, der Albrecht Mendelssohn Bartholdy Graduate School of Law, beschlossen und inzwischen manche Erfahrungen im Betrieb derselben gesammelt, die sicherlich im Laufe der Tagung noch die eine oder andere Rolle spielen werden – gerade auch im Vergleich mit den Graduiertenkollegs, für die wir auf eine viel längere Erfahrung zurückgreifen können.

---

* Begrüßungsrede des Dekans zur Eröffnung der ZerF-Tagung am 18. März 2014. Der Redetext wurde beibehalten. Die Fußnoten beschränken sich vor allem auf die nötigen Quellennachweise und beabsichtigen nicht, die heutige Bildungsdebatte in ihrer Breite abzubilden.

1 *Wissenschaftsrat*, Perspektiven der Rechtswissenschaft, WR-Drs. 2558-12, Hamburg 2012.

Um auf das Thema unserer Tagung einzustimmen, geht es im Folgenden darum, Überlegungen und Ziele zu reformulieren, die mit der Gründung unserer Graduiertenschule verbunden waren.

Der Hintergrund der Gründung einer Graduiertenschule war ein Unbehagen mit dem Zustand der Rechtswissenschaft insgesamt. Pauschal – und damit durch Einzelfälle widerleglich – war der Eindruck, dass sich die rechtswissenschaftliche Literatur mehr und mehr in dogmatischen Einzelheiten verliert und immer häufiger Dissertationen entstehen, in denen es nur um die Deskription von Gerichtsurteilen, Gesetzesentwürfen und Richtlinien-Erwägungen geht. Vielfach werden die Reflexion über Recht, die Systematisierung in der Dogmatik, die Zurückführung des Einzelnen auf leitende Grundsätze verdrängt. Und selbst dort, wo man noch Honig aus den Einzelheiten saugt, legt man im Unterschied zur fleißigen Biene oft genug die ausgesogene Blume gleich dazu…[2]

Die Schwierigkeiten bei der Findung der richtigen Methode etc. sind alt. Aus den vielfältigen älteren Äußerungen greife ich eine von *Anton Friedrich Justus Thibaut* heraus, einem Fachvertreter, dem niemand die Wissenschaftlichkeit abgesprochen hat. In einer breit angelegten Kritik an der historischen Rechtsschule, wie sie insbesondere *Savigny* entwickelt hatte, die uns hier aber nicht als solche zu interessieren braucht, kam *Thibaut* auf den Zweck der Universität zu sprechen und analysierte den Ist-Zustand in wenig schmeichelhafter Weise.[3] Zum Metier der Forschung resümiert er:

„Es ist nun einmal sonnenklar, daß jetzt die Buchmacherei an der Tagesordnung ist; daß man breit schreibt, um viel durch den Deutschen Aberglauben an die Großartigkeit des Dicken zu gewinnen; daß man prosaisch aus vielen Schriften mit mechanischen Fingern tausend Dinge zusammenballt, worin kein Geist und Leben ist, und daß die Originalität des neuen Werkes oft nur … in nichts, als in einer neuen Unordnung, und in einer mystischen, dunkeln, affectirten Sprache besteht."[4]

Es wäre ungerecht, dieses Urteil mit Blick auf die Gegenwart undifferenziert stehen zu lassen, denn es gibt auch heute eine beachtliche Zahl

---

2 Das Bild ist entlehnt: *Thibaut*, Ueber die sogenannte historische und nicht-historische Rechtsschule, in: AcP 21 (1838), S. 391-419, hier S. 415.

3 *Thibaut*, Ueber die sogenannte historische und nicht-historische Rechtsschule (Fn. 2), S. 413-419.

4 *Thibaut*, Ueber die sogenannte historische und nicht-historische Rechtsschule (Fn. 2), S. 416.

sehr ordentlicher Dissertationen und Jahr für Jahr prämieren wir in unserer Fakultät ausgezeichnete Arbeiten. Dennoch findet man vieles, das man nur deshalb durchschnittlich nennt, weil das Niveau des Durchschnitts in manchem mit dem zu tun hat, was *Thibaut* beschrieben hat. Gerade um das Niveau wissenschaftlichen Arbeitens geht es aber in den strukturierten Promotionsprogrammen.

*Dieter Thomä* hat vor kurzem eine Artikelserie aus der *Frankfurter Zeitung* publiziert, die dort in den Wochen von November 1931 bis Januar 1932 auf der Seite „Für Hochschule und Jugend“ erschienen ist.[5] Im Folgenden möchte ich auf dieser Veröffentlichung aufbauend ein paar Gedanken zur Zielsetzung der Graduiertenprogramme im Allgemeinen entwickeln. Man müsste nur wenig Mühe darauf verwenden, die Beiträge aus dem Wintersemester 1931/32 in die heutigen Diskussionen zu übertragen. *Hermann Herrigel* (1888-1973), Redakteur dieser Beilage der Frankfurter Zeitung, fragte zum Auftakt nach einer Hochschulreform. Der Zustand der *Überfüllung* der Universitäten nach der Ablegung eines „billig“ zu habenden Abiturs ist für *Herrigel* ein Symptom eines Missstands. Er sei aber nicht die Ursache. Viel wichtiger erscheine die Veränderung der Wissenschaften selbst, die sich im 19. Jahrhundert so stark ausdifferenziert hätten.[6] Das sprenge die Idee einer humanistischen Einheit der Universität. Im Vordergrund stehe nicht mehr die „Gesamtbildung“, sondern eine besondere Fachausbildung. Es müsse eine reformierte Universität darauf aus sein, eine spezialisierte Fachausbildung in eine humanistische Einheit der Universität zu integrieren. In der „Ausbildung [dürfe] die Bildung nicht verloren“ gehen.[7]

Eine einigermaßen radikale Änderung der Universität schlug der evangelische Theologe *Paul Tillich* vor, der damals in Frankfurt am Main eine Professur für „Philosophie und Soziologie einschließlich Sozialpädagogik“ in der Nachfolge von *Max Scheler* innehatte.[8] Er meinte – ich fasse es hier sehr grob zusammen –, die fortschreitende Spezialisierung der Fachwissenschaften im 20. Jahrhundert mache eine Universität klassischen Typs unmöglich. Es sei heute eher sinnvoll, die eigentliche Forschung in einer „humanistische[n] Fakultät“ zu versammeln, die Spezialwissenschaf-

---

5 *Thomä*, Gibt es noch eine Universität? Zwist am Abgrund – eine Debatte in der *Frankfurter Zeitung* 1931-32, Konstanz 2012.

6 *Herrigel*, Hochschulreform, in: Thomä (Fn. 5), S. 11-15, hier S. 13.

7 *Herrigel*, Hochschulreform (Fn. 6), S. 14.

8 *Thomä*, Nachwort, in: ders. (Fn. 5), S. 89-190, hier S. 100.

ten aber als Fachhochschulen zu organisieren.[9] Der Vorschlag stieß zu Recht auf breite Ablehnung.

Nach dem Abschluss der Fachschule sollte man sich in der humanistischen Fakultät einschreiben können und dort einen akademischen Grad erwerben – die Benennung ließ *Tillich* offen, weil der Doktorgrad eigentlich diskreditiert sei[10] – schon 1931! Als das wichtigste Merkmal dieses Humanismus verstand *Tillich* die „freie Haltung des Fragenkönnens auch gegenüber dem, worauf man unmittelbar steht, wofür man begeistert ist…“[11] Und weiter meinte er:

„Der Humanismus, von dem ich rede und allein reden will und kann, ist ein Humanismus, für den das radikale Fragen sich gerade bezieht auf die aktuelle Weltgestaltung, auf die Probleme unseres heutigen Ringens um die Wirklichkeit. Allerdings in der Meinung, daß dies nur geschehen kann auf Grund eines Bewußtseins um die Ganzheit unserer Situation, in der alle Elemente unserer Kultur miteinbegriffen sind.“[12]

Hiernach ist der Humanismus also mehr eine bestimmte Geisteshaltung als dass er mit Inhalten verbunden wäre. Diese Geisteshaltung ist durch *„radikales Fragen“* gekennzeichnet. Das führt, wie ich denke, sehr nah an die von uns heute angestellte Überlegung. Im Grunde soll das strukturierte Promotionsprogramm genau dies ermöglichen: zu fragen – radikal zu fragen. D. h. für uns: ein *Infragestellen des positiven Rechts*. Ein anderes Wort dafür ist Rechtskritik. Rechtskritik braucht aber einen Ansatzpunkt. Sie kann und soll zunächst einmal innerhalb des Rechtssystems selbst geschehen.

Solche *systemimmanente Rechtskritik* ist das Mindeste, das Rechtswissenschaft leisten sollte. Hier geht es darum, dass einzelne Phänomene positiven Rechts auf ihre Stimmigkeit im System der Gesamtrechtsordnung hin untersucht werden. Das ist keineswegs banal, sondern erfordert neben guter Kenntnis der Rechtsordnung auch die Bereitschaft und Ausdauer, sich auf die dogmatischen Diskussionen über die Auslegung der Normen einzulassen.[13]

---

9 *Tillich*, Gibt es noch eine Universität?, in: Thomä (Fn. 5), S. 16-23 und *ders.*, Hochschulreform, in: Thomä (Fn. 5), S. 24-36.

10 *Tillich*, Hochschulreform (Fn. 9), S. 34.

11 *Tillich*, Hochschulreform (Fn. 9), S. 36.

12 *Tillich*, Hochschulreform (Fn. 9), S. 34.

13 Weiterführend *Stürner*, Das Zivilrecht der Moderne und die Bedeutung der Rechtsdogmatik, in: JZ 2012, S. 10-24.

Die Schwierigkeiten nehmen noch erheblich zu, wenn man bei der Kritik gleichsam hinter den Normen die leitenden Prinzipien der Rechtsordnung erkennt. Diese aber gilt es zu ermitteln und dann in Beziehung zum positiven Recht zu setzen. Gerade das ist im Kern Rechtswissenschaft.[14]

Dabei stößt die Rechtswissenschaft auf ein Folgeproblem: Wie kann man diese Prinzipien, die leitenden Grundsätze oder wie immer wir sie nennen wollen, sichtbar machen?

Blickt man in die Geschichte zurück, so wird schnell klar, dass die Rechtskritik über Jahrhunderte hinweg die Kriterien ihrer Arbeit aus der Moralphilosophie bzw. der Moraltheologie bezog. Im 19. Jahrhundert trat an ihre Stelle eine geschichtliche Betrachtung des Rechts. Die Geschichte sollte den Blick für die leitenden Prinzipien öffnen. Als besonders geeignet sah man die Geschichte des römischen Rechts an. Wir haben es insofern gewissermaßen mit *externer Rechtskritik* zu tun, als die Gewinnung der Maßstäbe eben mit Hilfe nichtjuristischer Disziplinen geschah. Philosophie, Geschichte, Soziologie, Ökonomie – diese Wissenschaften haben ihre Bedeutung für die Rechtskritik. Andererseits: „Interdisziplinarität ohne Disziplin ist Unfug".[15] Die aus den anderen Disziplinen gewonnenen Erkenntnisse wollen und sollen in die Rechtswissenschaft integriert werden. Wie das gehen kann, ist immer wieder Gegenstand der Erörterungen in unserer Graduiertenschule. Sie ist ein Forum für Interdisziplinarität.

Die Situation der Rechtskritik ist seit ungefähr 250 Jahren dadurch bedeutend verändert, dass manche Prinzipien, die zum Maßstab für Rechtskritik taugen, ihrerseits positives Recht geworden sind. Das ist ein Ergebnis der Entwicklung von Grund- und Menschenrechten. Dennoch kann sich die Rechtswissenschaft nicht von der Inanspruchnahme der genannten Nachbardisziplinen trennen. Rein systemimmanente Kritik erinnert an den (Lügen-)Baron Münchhausen, der sich am eigenen Schopf aus dem Sumpf

---

14 Dabei folge ich insoweit dem Ansatz, wie ihn etwa *Friedrich Carl von Savigny* in seiner berühmten Schrift „Vom Beruf unserer heutigen Zeit für Gesetzgebung und Rechtswissenschaft", Heidelberg 1814, formuliert hat. Die Idee reicht freilich ins Mittelalter zurück. Schon dort galt nur als Wissenschaft, was aus allgemeinen Prinzipien begründet wurde. Insofern waren dann auch Medizin und Recht taugliche Gegenstände wissenschaftlicher Arbeit. Vgl. *Honnefelder*, Bildung durch Wissenschaft. Eine Einführung, in: Honnefelder (Hrsg.), Albertus Magnus und der Ursprung der Universitätsidee. Die Begegnung der Wissenschaftskulturen im 13. Jahrhundert und die Entdeckung des Konzepts der Bildung durch Wissenschaft, Berlin 2011, S. 9-23, hier S. 20 f.

15 *Thomä*, Nachwort (Fn. 8), S. 103.

zu ziehen vermochte. Für gewöhnlich braucht man einen Standpunkt außerhalb des Systems, um zu einem unabhängigen Urteil zu gelangen.

Mit diesem Standpunkt ist es nun keineswegs so einfach bestellt: „Heiße Magister, heiße Doktor gar"[16], so resümiert frustiert *Goethes* Faust nach dem Studium von Philosophie, Theologie, Medizin und „Juristerei", nur, „was die Welt im Innersten zusammenhält"[17], das hat Faust dabei nicht erkannt. Das soll ihn nun die Magie lehren, die das Gegenteil von Wissenschaft ist. Der Eindruck der Wertlosigkeit des Doktortitels ist also nicht so neu. „Es möcht' kein Hund so länger leben"[18], so heißt es im faust'schen Monolog.

Die Universität solle der Aneignung der Grundlagen unserer *Kultur* dienen, so meinte *Theodor Haecker,* einer der Lehrer der Geschwister *Scholl*, in seiner Antwort auf die Thesen *Tillichs*, von denen bereits die Rede war.[19] Diese Kultur sei geprägt durch Griechenland, Rom und die Bibel.[20] Es ist eine europäische Kultur, wie sie etwa auch der Hamburger Jura-Professor *Albrecht Mendelssohn Bartholdy* beschrieben hat.[21] Man braucht wohl eine einigermaßen konkrete Anschauung, um zu ermessen, was die leitenden Grundsätze unserer Rechtsordnung sind, die aus diesen Wurzeln erwachsen ist. Sie haben viel mit dem zu tun, „was die Welt im Innersten zusammenhält." Die Universität soll sich, so fährt *Haecker* fort,[22] um das kümmern, was *Vergil* als *rerum cognoscere causas* beschreibt. Bei *Vergil* heißt es im zweiten Buch seiner Georgica:

„[F]elix qui potuit rerum cognoscere causas."[23]

16 *Goethe*, Faust-Dichtungen, Band 1: Texte, hrsg. von Ulrich Gaier, Stuttgart 1999, S. 31 f., hier „Nacht", Vers 360.

17 *Goethe*, Faust (Fn. 16 ), Vers 382 f.

18 *Goethe*, Faust (Fn. 16), Vers 376.

19 *Haecker*, … daß zu den Grundlagen unserer Kultur das Christentum gehört, in: Thomä (Fn. 5), S. 42-44, hier S. 43.

20 *Haecker*, … daß zu den Grundlagen unserer Kultur das Christentum gehört (Fn. 19), wobei er nur das Christentum nennt.

21 *Mendelssohn Bartholdy*, Europäische Politik, in: Europäische Gespräche. Hamburger Monatshefte für auswärtige Politik 1 (1923), S. 13-22, hier insbes. S. 16 f. „‚Europa als Idee' bei Albrecht Mendelssohn Bartholdy" war das Thema eines Vortrags von Thomas Duve auf dem „Forum" unserer Graduiertenschule am 5.12.2013. Die Drucklegung ist in Vorbereitung.

22 *Haecker*, … daß zu den Grundlagen unserer Kultur das Christentum gehört (Fn. 19), S. 44.

23 *Vergil*, Georgica, II 490, http://www.thelatinlibrary.com/vergil/geo2.shtml (9.4.2015). Zu deutsch: „Glücklich, wer der Dinge Gründe [oder: Ursprünge] hat

Um die Erkenntnis solcher *causas*, Gründe, geht es, wenn wir Rechtskritik betreiben. Es gehört zum Lebensprinzip der Universität, dass nicht einer oder eine allein im Besitz der vollen Erkenntnis der Gründe ist, auch nicht eine Wissenschaft allein. Gerade in diesem Punkt unterscheidet sich die seit dem Hochmittelalter entwickelte Universität vom Anspruch der früheren Bildungszentren.[24] *Albertus Magnus* verfolgte im Rückgriff auf *Aristoteles* als Erster eine „Enzyklopädie der Disziplinen“, ein System verschiedener, aber aufeinander bezogener Wissenschaften, die nur zusammen das Ganze der Welt zu erfassen vermögen.[25] Gemeinsam sollte allen Wissenschaften allerdings das Streben nach der Erkenntnis der Gründe sein.[26] Um dorthin zu gelangen, mahnte der Berliner Philosoph und Pädagoge *Eduard Spranger* unter anderem den *Zusammenhang von Forschung und Lehre* an.[27] Eine Trennung beider, so meinte *Karl Jaspers*, bedeute die „Zerstörung der Idee der Universität“[28]. Es gehe, so *Spranger*, darum, die Universität als eine „Stätte unabhängiger Geistesbildung“ zu bewahren.[29] Davon blieb bei *Spranger* nach 1933 leider nicht viel übrig.[30]

---

erkennen können.“ In der Übersetzung von *Johannes und Maria Götte* wird der Ausdruck *rerum causas* zielsprachenorientiert schön mit „Wesen der Welt“ wiedergegeben (*Vergil*, Landleben, Lat.-dt, 5. Aufl. München und Zürich 1987, S. 140 f.).

24 Weiterführend: *Honnefelder*, Bildung durch Wissenschaft (Fn. 14).

25 *Honnefelder*, Bildung durch Wissenschaft (Fn. 14), S. 17.

26 Der österreichische Komponist *Ernst Krenek* schrieb in seinem Beitrag zur Frankfurter Zeitung am 6.12.1931: „Aber die Humanität, die uns vorschwebt, ist vielleicht weniger eine Frage der Bewältigung eines bestimmten wissenschaftlichen Pensums als vielmehr eine Frage der Gesinnung, und die Erzeugung und Erhaltung solcher Gesinnung müßte die vornehmste Aufgabe der Universität sein“, ders., … die Humanität, die uns vorschwebt – vielmehr eine Frage der Gesinnung, in: Thomä (Fn. 5), S. 54 ff., hier S. 54 f.

27 *Spranger*, … mehr als je tut uns die Stätte unabhängiger Geistesbildung not, in: Thomä (Fn. 5), S. 56-58, hier S. 57.

28 *Jaspers*, … könnte wieder eine Rangordnung im geistigen Leben fühlbar werden, in: Thomä (Fn. 5), S. 59-62, hier S. 59. Der Physiker *Erwin Madelung* hielt eine Trennung von Forschung und Lehre „für die schlimmste Sünde gegen den Geist“, ders., … Forschung und Fachunterricht nicht voneinander zu trennen, in: Thomä (Fn. 5), S. 63-65, hier S. 64. Der Mediziner *Richard Koch* spricht sich ebenfalls für die Einheit von Forschung und Lehre aus, ders., … den geisteswissenschaftlichen Einschlag in der Medizin mehr zu pflegen, in: Thomä (Fn. 5), S. 70-72, hier S. 71.

29 *Spranger*, … mehr als je tut uns die Stätte unabhängiger Geistesbildung not (Fn. 27), S. 57.

30 Vgl. *Thomä*, Nachwort (Fn. 8), S. 165 f.

Gewiss – anders als im Dezember 1931 droht uns heute keine nationalsozialistische Diktatur, aber die geistige Unabhängigkeit, der eigene Standpunkt, der Mut zum Argument bleiben notwendig – auch heute in unserer Öffentlichkeit, die nicht selten sublime Denkverbote erteilt. Ein *Videant consules* gilt auch für diejenigen, die für die Universitäten Verantwortung tragen.[31]

„Mediziner, Juristen, Lehrer würden als routinierte Techniker einen Betrieb in Gang halten, aber den Sinn ihres Tuns verlieren, wenn sie nicht, ursprünglich zum Forschen geneigt und erzogen, auch in der Praxis sich forschend verhielten und damit erst dem Leben in seiner Ganzheit offen blieben“[32], so *Jaspers*. Danach geht es ihm um eine bestimmte Haltung, die er als *„Idee des forschenden Daseins“* bezeichnet.[33] Das ist nicht weit entfernt vom „radikalen Fragen“ eines *Tillich*. Eine „Leidenschaft ursprünglichen Wissenwollens“[34] ist gefragt. *Ernst Robert Curtius* hat es in einer kritischen Stellungnahme gerade zur Diskussion über die Idee der Universität so ausgedrückt: Um überhaupt der Bildungsaufgabe der Universität irgendwie gerecht zu werden, sei es nötig

„die Feste der Erde vom Schlamm und Schutt [zu] reinigen; in die Tiefe [zu] graben, bis der gewachsene Fels wieder vortritt. *Wir müssen zum Urgrund und Anfang unserer Tradition zurück und wieder die Elemente der Kultur lernen.“*[35]

---

31 *Spranger*, … mehr als je tut uns die Stätte unabhängiger Geistesbildung not (Fn. 27), S. 58, beendet seinen Aufsatz mit einem *„Videant consules“*. Das Sprichwort ist der ersten Catilinarischen Rede *Ciceros* entlehnt, wo es heißt: *„Decrevit quondam senatus, uti L. Opimius consul videret, ne quid res publica detrimenti caperet“* – Einst hat der Senat beschlossen, dass der Konsul *Lucius Opimius* zusehen möge, dass der Staat keinen Schaden nehme, cf. *Cicero*, In Catilinam I, 4, in: Marcus Tullius Cicero, Die politischen Reden, hrsg., übersetzt und erläutert von Fuhrmann, Bd. 1, München 1993, S. 384.

32 *Jaspers*, … könnte wieder eine Rangordnung im geistigen Leben fühlbar werden, (Fn. 28 ), S. 60.

33 *Jaspers*, … könnte wieder eine Rangordnung im geistigen Leben fühlbar werden, (Fn. 28 ), S. 60.

34 *Jaspers*, … könnte wieder eine Rangordnung im geistigen Leben fühlbar werden, (Fn. 28), S. 61.

35 *Curtius*, Die Universität als Idee und als Erfahrung, in: Neue Rundschau 1932, S. 155; dazu *Thomä*, Nachwort (Fn. 8), S. 143. Für *Curtius* bedeutet das zunächst und vor allem: „Anleitung zum selbständigen, kritischen Eindringen in den Ideenkosmos unserer Geschichte“ (ebd., S. 158).

Das entscheidende Wort ist hier das „Lernen". Wenig später spricht *Curtius* vom „Schauen" der universalen „Wesens- und Rangordnung der Werte"[36]. Hier steht die antike Philosophie im Hintergrund, für die das Staunen entscheidende Bedeutung hatte. – Soweit ein paar Lesefrüchte aus der damaligen Debatte.

Wozu diese *relecture* der Publikationen aus den späten Jahren der Weimarer Zeit? Was haben sie uns heute noch zu sagen? Sind sie nicht angesichts des Umstands, dass die Abiturientenquote inzwischen 15-mal höher ist als 1930 und der Anteil der Studierenden an der Gesamtbevölkerungszahl sogar das 18-Fache der Zahl von 1930 erreicht,[37] völlig deplaziert? Bewusst habe ich hier nicht die damaligen Therapievorschläge im Einzelnen referiert, sondern mehr die Idee einer Zielvorstellung, die sich – so meine ich – nicht sehr stark von unserer Idee bei der Gründung einer Graduiertenschule unterscheidet.[38] Jedenfalls sollten wir die Überlegungen nicht einfach beiseite legen, als gingen sie uns nichts mehr an:

Es ging und geht auch uns um ein „radikales Fragen". Wir nennen das vielleicht eher „Reflexion", meinen aber im Grunde doch sehr ähnliches, nämlich ganz allgemein ein „vergleichendes, prüfendes Nachsinnen im Gegensatz zur schlichten Wahrnehmung"[39]. Es geht um einen Akt der Selbstvergewisserung,[40] der durch „Rückfragen an die Grundlagen und Prämissen des Denkens und Handelns" Freiheit garantieren soll.[41] Reflexion findet aber nicht voraussetzungsfrei statt, sondern baut auf Wissen auf – auch auf Wissen aus den erwähnten Nachbardisziplinen. Gerade hierzu

---

36 *Curtius*, Die Universität als Idee und als Erfahrung (Fn. 35), S. 160. *Thomä*, Nachwort (Fn. 8), S. 143, sieht eher einen Gegensatz von „Fragen" bei *Tillich* und „Lernen"/„Schauen" bei *Curtius*. Gemeinsam dürfte aber beidem sein, dass die Universität nicht als „Ursprungsort", sondern eher als „Pflegestätte" der Bildungsidee aufgefasst wird (*Curtius*, Die Universität als Idee und als Erfahrung (Fn. 35), S. 157), was diese Institution natürlich in eine direkte Abhängigkeit von der gesamtgesellschaftlichen Situation bringt.

37 *Thomä*, Nachwort (Fn. 8), S. 90.

38 Zuzugeben ist, dass die Gesamtheit der Artikelserie keineswegs einheitliche Vorschläge und Ideen transportiert, dazu ausführlich *Thomä*, Nachwort (Fn. 8), S. 126 ff.

39 *De Vries*, Art. Reflexion, in: Brugger (Hrsg.), Philosophisches Wörterbuch, Freiburg 1976, S. 321.

40 *De Vries*, Art. Reflexion (Fn. 39), S. 322; *Schwemmer*, Art. Reflexion, in: Mittelstraß (Hrsg.), Enzyklopädie Philosophie und Wissenschaftstheorie, Bd. 3, Stuttgart 1995, S. 525-527, hier S. 526.

41 *Schwemmer*, Art. Reflexion (Fn. 40), S. 526.

möchte die Graduiertenschule Wege eröffnen und so das „Nachdenken über Recht“ anstoßen.

Weiter wurde in den Aufsätzen der Frankfurter Zeitung die Einheit von Forschung und Lehre als Ziel bezeichnet. Auch uns geht es um die Bewahrung oder vielleicht besser: Stärkung der Einheit von Forschung und Lehre. Das wird in den Veranstaltungen, die wir den Teilnehmerinnen und Teilnehmern im Graduiertenprogramm anbieten, deutlich. Vorherrschend ist hier die Unterrichtsform des Dialogs, aufbauend auf dem vorherigen Studium von Texten. In Seminaren und Forschungswerkstätten erschließen wir uns gemeinsam bedeutende Grundfragen unserer Wissenschaft. Historische, soziologische, philosophische Zugänge zum Recht werden ebenso diskutiert wie übergreifende, aktuelle Themen, in diesem und dem kommenden Semester „Europa als Idee“. Immer wieder geht es dabei darum, unser Rechtssystem zu hinterfragen. Wichtig ist es, den Dingen wirklich auf den Grund zu gehen. Dahinter steht die Überzeugung, durch Nachdenken zu besserer Orientierung gelangen zu können.[42]

Mit *„Reflexion“* und *„Orientierung“* sind zwei Kernbegriffe der Bildungsdebatte angesprochen. Bei der Reflexion geht es zunächst um theoretische und methodische Kenntnisse.[43] Sie führt in Verbindung mit der Einsicht in normative Zusammenhänge dann zur Orientierung.[44] Es dreht sich hier letztlich um eine Art der *Einsicht*, die seit den Tagen des alttestamentarischen Königs Salomo die Gerechtigkeit betrifft.[45] Man mag darin eine moralische Kompetenz sehen.[46] Wichtig erscheint mir, dass die wissenschaftliche Orientierung aus Reflexion erwächst. *Thomä* hat in seinem nachdenklichen Nachwort zur der erwähnten Aufsatzsammlung gemeint, dem Begriffspaar Reflexion-Orientierung müsse man noch die Begriffe *„Perfektibilität“* und *„Experimentalismus“* ergänzend an die Seite stellen.[47] Auch dies seien Aufgaben der Universität. Gemeint ist damit einer-

42 *Thomä*, Nachwort (Fn. 8), S. 134, hat auf die Ambivalenz des radikalen Fragens hingewiesen, das mit einem „Gestus permanenter Selbstdistanzierung“ zu Orientierungslosigkeit führen könnte. In der Tat darf die Wissenschaft nicht beim Fragenstellen verharren, sondern sie muss reflektierte Antworten suchen.

43 In diesem Sinne *Thomä*, Nachwort (Fn. 8), S. 183.

44 Das bleibt bei *Thomä*, Nachwort (Fn. 8), S. 183, der die Orientierung als eine Art moralischer Kompetenz betrachten möchte, m. E. eher unausgesprochen.

45 1. Könige 3, 5-12.

46 So wohl *Thomä*, Nachwort (Fn. 8), S. 183.

47 *Thomä*, Nachwort (Fn. 8), S. 184 in gewisser Anlehnung an *Carl Heinrich Becker*, vgl. die Nachweise bei *Thomä*, Nachwort (Fn. 8), S. 171. *Thomä* zeigt, wie die Bil-

seits die individuelle Persönlichkeitsentfaltung, die Entwicklung der je eigenen Begabung (Perfektibilität),[48] andererseits der Weltbezug, die Erprobung der Bildung in der praktischen Anwendung (Experimentalismus).[49] Hierbei handelt es sich sicherlich um einen einigermaßen individuellen Vorgang, für den die Universität als Institution allenfalls Rahmenbedingungen herstellen kann, aber es gilt doch zu vermitteln, dass die beiden Aspekte hinzukommen müssen. Und zugleich führt das hinüber zu der Überlegung, dass der Bildungsvorgang selbst eine moralische Dimension hat. An die Seite der Freiheit tritt so die Verantwortung.

Einmal mehr erweist sich *Albrecht Mendelssohn Bartholdy*, der Namensgeber unserer Graduiertenschule, als eine Art Vorbild, verband er doch seine wissenschaftliche Forschung in hohem Maße mit einer Verantwortung für die Gemeinschaft. In der Situation Deutschlands nach dem ersten Weltkrieg hat er seine Wissenschaft zugleich als eine Aufgabe der konkreten historischen Situation gesehen, die vor allem eines benötigte: Frieden.

Wenn wir uns in der Form einer Graduiertenschule um die Wissenschaft bemühen, erheben wir damit nicht den Anspruch, den einzigen oder wahren Weg zur Promotion zu ebnen, sondern nur einen, der vielleicht unserer Zeit in besonderer Weise angemessen ist.[50] Wenn wir dieser Graduiertenschule den Namen von *Mendelssohn Bartholdy* entlehnen, dann des-

---

dungsideale der Aufsätze von 1931/32 gewissermaßen nach 1933 kompromittiert worden sind (S. 158-176). In der Tat ist zuzugeben, dass die universitäre Bildungsidee offenbar kaum dazu beigetragen hat, den Kulturbruch des Nazireiches abzuwehren. Gerade auch die intellektuellen Eliten haben sich vor den Karren dieses totalitären Regimes spannen lassen. Daraus ist nun aber nicht zu schließen, dass Bildung unnötig wäre oder gänzlich anderen Zielen zugewandt sein müsste, als sie oben beschrieben werden. Wichtig ist vielmehr die Erkenntnis, dass auch und gerade die moralische Dimension der Bildung Berücksichtigung verlangt und zu dieser gehört die Einsicht, dass nur ein waches und gebildetes Gewissen Schutz vor den Abgründen der Ungerechtigkeit bietet.

48 *Thomä*, Nachwort (Fn. 8), S. 185.

49 *Thomä*, Nachwort (Fn. 8), S. 185 f.

50 Natürlich könnte man kritisch einwenden: Mit dieser Art der Wissenschaft erreichten wir nur einen kleinen Teil unserer Studierenden. Der Einwand ist nicht unberechtigt – erst recht, wenn man bedenkt, dass die überwiegende Zahl der Mitglieder der Graduiertenschule ihr Jurastudium an einer ausländischen Universität absolviert hat. Dennoch vermag der Einwand letztlich nicht zu überzeugen. Immerhin bemühen wir uns, ausgehend von der Spitze unseres Studienangebots zu Verbesserungen zu kommen. Gerade die überschaubare Gruppengröße lässt die Chance wachsen, die Einheit von Forschung und Lehre neu zu beleben, Wissenschaft

halb, weil wir meinen, dass dieser Wissenschaftler in vorbildlicher Weise „der Forschung, der Lehre, der Bildung" gelebt hat. Mit diesem Dreiklang formuliert die Inschrift über dem Portal zum Hauptgebäude den Zweck der Universität Hamburg. Die Graduiertenschule hat das Zeug, zu einem integralen Bestandteil dieser Institution zu werden.

---

als einen Prozess erlebbar zu machen, der zunächst einmal vom Fragen lebt, der nicht mit fertigen Antworten daherkommt, sondern Erkenntniswege erprobt. Außerdem ist zu sagen, dass wir mit unseren Bemühungen um (pleonastisch gesagt: reflektierte) Rechtswissenschaft nicht auf der Stufe des Promotionsstudiums stehenbleiben möchten, sondern dies im grundständigen Studium, das vor dem großen Problem der Masse und Anonymität steht, verbessern möchten. So tritt in wenigen Tagen eine neue Studienordnung in Kraft, die den Pflichtanteil der Grundlagenfächer im Studium immerhin verdoppelt. Dennoch bleibt viel zu tun: eine wichtige Aufgabe wird darin bestehen, diese Felder der Rechtswissenschaft in die verschiedenen juristischen Prüfungen einzubeziehen. Das gilt auch für die Promotion. Spielen die Inhalte des strukturierten Promotionsprogramms am Ende bei der Bewertung der Dissertation und im Rigorosum keine Rolle, so wird die Akzeptanz erfahrungsgemäß gering bleiben. Diese Prüfungen liegen aber auch ganz in unserer Hand und so wird es von uns selbst abhängen, was davon am Ende auch geprüft wird. Schon in den schriftlichen Arbeiten, in der Formulierung des Themas muss die kritische Reflexion, dieses „radikale Fragen" deutlich werden. Und ganz konsequent können diese übergeordneten Fragestellungen, wie ich sie gern nenne, in den Promotionskolloquien am Ende zum Gegenstand der Diskussion gemacht werden.

# Qualität rechtswissenschaftlicher Promotionen: Rahmenbedingungen, Kriterien, Verfahren

*Stephan Rixen*

## *I. Vorläufig-fallible Anmerkungen eines teilnehmenden Beobachters*

Als Hochschullehrer, der forscht, Promotionen betreut und – auch außerhalb der eigenen Hochschule – mit Fragen der Sicherung wissenschaftlicher Qualität und Integrität befasst ist,[1] möchte ich einige Überlegungen beisteuern, die nicht beanspruchen können, sich auf empirisches Wissen zu stützen, das über jeden Zweifel erhaben ist. Es geht eher um subjektive Eindrücke, anekdotisches Wissen, im kollegialen Gespräch (nicht nur an der eigenen Universität) Verifiziertes, das durch planvoll ermitteltes und strukturiertes empirisches Wissen ergänzt und ggf. korrigiert werden müsste. Da ich mich wissenschaftlich mit Fragen des Gesundheitsrechts beschäftige, erinnert mich das Problem an die Debatte über die Evidenzstufen medizinischen Wissens.[2] Hierbei geht es nicht um Evidenz im Sinne von Offensichtlichkeit (*obviousness*), sondern um das englische Wort

---

1 An der Universität Bayreuth sitze ich der „Kommission für Selbstkontrolle in der Wissenschaft" vor, die universitätsweit Vorwürfen wissenschaftlichen Fehlverhaltens nachgeht und insb. auch vor jedem beabsichtigten Entzug eines Doktorgrads zu beteiligen ist. Außerdem bin ich Mitglied der entsprechenden Kommission der Österreichischen Agentur für wissenschaftliche Integrität (OeAWI), die landesweit in Kooperation mit den Hochschulen und den außeruniversitären Forschungseinrichtungen Vorwürfen wissenschaftlichen Fehlverhaltens nachgeht (Informationen unter www.oeawi.at [1.8.2015]); seit Mai 2015 gehöre ich dem von der Deutschen Forschungsgemeinschaft (DFG) eingesetzten Gremium „Ombudsman für die Wissenschaft" an (www.ombudsman-fuer-die-wissenschaft.de [1.8.2015]); s. auch *Rixen*, Schriftliche Stellungnahme v. 9.5.2014 zur Anhörung im Ausschuss „Tertiäre Bildung" des Wissenschaftsrates am 27.5.2014 zum Thema „Gute wissenschaftliche Praxis".

2 Zur Orientierung: *Sackett et al.*, Evidenzbasierte Medizin (dt. Ausg. *Kunz/Fritsche*), München 1999 (Evidence-based medicine: how to practice and teach EBM, London 1997, 2nd ed. 2000); *Kunz u.a.*, Lehrbuch Evidenzbasierte Medizin in Klinik und Praxis, 2. Aufl. Köln 2007; Burneo et al. (eds.), Neurology: An Evidence-Based Approach, New York 2012.

*evidence*, also um einen Beweis, dessen Aussagekraft ganz unterschiedlich groß sein kann. Unterschieden wird typischerweise nach mehreren Stufen der Evidenz auf einer aufsteigenden Skala, an deren Ende sich der häufig so genannte „Goldstandard" höchstrangigen Wissens, die Stufe der randomisierten kontrollierten Studien (bzw. systematische Übersichtsarbeiten zu solchen Studien), befindet.[3] Gleichwohl darf man nicht vergessen, dass es eine erste Evidenzstufe gibt, die sich u.a. auf Einzelfallberichte und Expertenmeinungen stützt.[4] Diese Evidenzstufe ist zwar Ausgangspunkt für die Gewinnung valideren Wissens, aber sie ist durchaus schon Evidenz. Vor diesem von Vorläufigkeit und Fallibilität geprägten (Nicht-)Wissenshintergrund möchte ich meinen Beitrag verstehen, der ein Impuls sein soll, die Debatte – nicht zuletzt in empirischer Hinsicht – noch genauer zu führen.

## *II. Ausgangslage: eine Qualitätsdebatte, die den heiklen Punkten ausweicht*

Die Qualität rechtswissenschaftlicher Promotionen ist in den letzten Jahren vielfach thematisiert worden. Erinnert sei nur an Stellungnahmen des Wissenschaftsrates,[5] des Deutschen Hochschulverbandes (zusammen mit dem Allgemeinen Fakultätentag und den Fakultätentagen),[6] der Staats-

3 Vgl. insb. 2. Kapitel § 11 Abs. 2 Verfahrensordnung des Gemeinsamen Bundesausschusses (G-BA) , www.g-ba.de (1.8.2015).

4 Vgl. (zur Evidenz bei der Klassifizierung der Unterlagen zu therapeutischen Methoden) 2. Kapitel § 11 Abs. 3 Verfahrensordnung des G-BA, Evidenzstufe V: „Assoziationsbeobachtungen, pathophysiologische Überlegungen, deskriptive Darstellungen, Einzelfallberichte, u. ä.; nicht mit Studien belegte Meinungen anerkannter Expertinnen und Experten, Berichte von Expertenkomitees und Konsensuskonferenzen.", www.g-ba.de (1.8.2015).

5 *Wissenschaftsrat*, Anforderungen an die Qualitätssicherung der Promotion, 11.11.2011, www.wissenschaftsrat.de (1.8.2015).

6 *DHV (zusammen mit dem Allgemeinen Fakultätentag und den Fakultätentagen)*, Gemeinsames Positionspapier Gute wissenschaftliche Praxis für das Verfassen wissenschaftlicher Qualifikationsarbeiten, 9.7.2012; *DHV (zusammen mit dem Allgemeinen Fakultätentag und den Fakultätentagen)*, Maßnahmenkatalog zur Gestaltung von Promotionsverfahren, 21.5.2013, www.hochschulverband.de (1.8.2015).

rechtslehrervereinigung,[7] der Hochschulrektorenkonferenz[8] oder des Landes Baden-Württemberg.[9] Hinzu kommt die Stellungnahme des Wissenschaftsrates über die „Perspektiven der Rechtswissenschaft in Deutschland".[10] Alle diese Stellungnahmen verdeutlichen, dass man über wissenschaftliche Qualität nicht nur unter dem Aspekt der Guten Wissenschaftlichen Praxis (GWP), also der wissenschaftlichen Integrität, diskutieren sollte. Die Frage nach den *Mindest*bedingungen guter, also überzeugender Wissenschaft – die Frage nach den GWP-Standards – lässt sich nicht von der Suche nach plausiblen Kriterien für die Güte wissenschaftlichen Arbeitens trennen.[11] Was eine schlechte wissenschaftliche Arbeit von einer nicht mehr als wissenschaftlich zu bezeichnenden Arbeit unterscheidet, ist nur auf einer fließenden Skala festzustellen. Ein bestimmtes Ausmaß an Verstößen gegen Zitationsregeln macht eine Arbeit möglicherweise „nur" zu einer schlechten wissenschaftlichen Arbeit. Aber an welchem Punkt schlägt die Bewertung um? Wann machen Verstöße z.B. gegen Zitationsregeln eine Dissertation nicht nur zu einer wissenschaftlich schlechten, sondern zu einer *nicht*-wissenschaftlichen Arbeit, die folgerichtig mit der Note „insufficienter" zu bewerten wäre?

Schaut man sich die genannten Stellungnahmen an, dann stellt man fest, dass zahlreiche Aspekte angesprochen werden, andere diskussionswürdige Gesichtspunkte hingegen nicht. Thematisiert werden die Formalisierung

---

7 *Staatsrechtslehrervereinigung*, Leitsätze Nr. 24 ff. zur „Gute[n] wissenschaftliche[n] Praxis im Öffentlichen Recht" (zur Promotion), 3.10.2012, www.vdstrl.de (1.8.2015).

8 *HRK*, Zur Qualitätssicherung in Promotionsverfahren, Empfehlung des Präsidiums v. 23.4.2012; *HRK*, „Gute wissenschaftliche Praxis an deutschen Hochschulen", Empfehlung der Mitgliederversammlung am 14.5.2013, www.hrk.de (1.8.2015).

9 *Baden-Württemberg*, Qualitätssicherung im Promotionsverfahren: Baden-Württemberg geht voran, 21.4.2013, http://mwk.baden-wuerttemberg.de (1.8.2015); s. nunmehr auch § 38 des Landeshochschulgesetzes Baden-Württemberg i.d.F. des Dritten Gesetzes zur Änderung hochschulrechtlicher Vorschriften (Drittes Hochschulrechtsänderungsgesetz – 3. HRÄG) vom 1.4.2014 (GBl. S. 99); zu § 38 Landeshochschulgesetz s. die Gesetzesbegründung, in: Landtag Baden-Württemberg, Drucksache 15/4684, S. 165 f., 201 f., 319 ff.

10 *Wissenschaftsrat*, Perspektiven der Rechtswissenschaft in Deutschland, 9.11.2012, www.wissenschaftsrat.de (1.8.2015); dazu *Rixen*, Juristische Bildung, nicht leicht gemacht: Die „Perspektiven der Rechtswissenschaft" des Wissenschaftsrats, in: JZ 2013, S. 708 ff.

11 *Rixen*, Macht wissenschaftliches Fehlverhalten unwürdig?, in: NJW 2014, S. 1058 (1062).

des Annahmeverfahrens und des Promotions-Betreuungsverhältnisses, außerdem äußere Anforderungen an die Begutachtung, etwa die Bedeutung strukturierter Betreuungssettings in Promotionskollegs, Graduiertenzentren oder *graduate schools*. Es geht, mit anderen Worten, in den Stellungnahmen um fragmentarisch-punktuelle Auskünfte zur Struktur- und Prozessqualität rechtswissenschaftlichen Promovierens. Ich verwende hier Begriffe, die ursprünglich aus den Wirtschaftswissenschaften stammen, inzwischen aber auch für die Bewertung der Qualität von Dienstleitungen insbesondere im Gesundheits- und Sozialwesen herangezogen werden.[12] Während die Strukturqualität auf die äußeren Rahmenbedingungen einer Dienstleistung schaut, betrifft die Prozessqualität die Qualität der Abläufe („Prozesse"). Die Ergebnisqualität hingegen bezeichnet den Zielerreichungsgrad, also die Frage, ob bzw. in welchem Ausmaß das Ziel einer Dienstleistung erreicht wird. Gerade mit Blick auf die Ergebnisqualität lässt sich feststellen, dass die genannten Stellungnahmen sich über das, was in dem durch die institutionellen Rahmenbedingungen abgesteckten Raum geschehen soll, z.B. zu Benotungsstandards oder zu den Parametern der Betreuungsqualität, ausschweigen. Stattdessen wird weithin auf die Autonomie der Hochschulen verwiesen, womit – so mein Eindruck – im Wesentlichen die Autonomie der Professorinnen und Professoren gemeint ist. Dass die Aspekte der Ergebnisqualität, die die Struktur- und Prozessqualität beeinflussen, ausgeblendet werden, stellt einen großen blinden Fleck der bisherigen Debatte dar. Wir brauchen eine materiell angereicherte Struktur- und Prozessqualität, die Ergebnisqualität *nicht* ausblendet – und das setzt Klarheit darüber voraus, was (rechts-)wissenschaftliches Arbeiten überhaupt erreichen soll.

## *III. Gute Wissenschaft – was ist das?*

### *1. Die Wahrheit ist konkret, aber ...*

Informiert man sich in der Hoffnung, vielleicht doch noch etwas über die Ergebnisqualität zu erfahren, einmal mehr in den genannten Stellungnahmen, dann stößt man auf programmatische Aussagen, die aber so vage formuliert sind, dass man ihnen zustimmen kann, wenngleich die handlungs-

12 S. hierzu nur – bezogen auf das Gesundheitswesen – *Becker*, in: Becker/Kingreen (Hrsg.), SGB V, Kommentar, 4. Aufl. München 2014, § 113 Rn. 3, § 135a Rn. 5.

praktischen Folgen unklar bleiben. So heißt es etwa in einer vom Deutschen Hochschulverband und den Fakultätentagen verantworteten Stellungnahme: „Wissenschaft ist die Suche nach Wahrheit. Der redliche Umgang mit Daten, Fakten und geistigem Eigentum macht die Wissenschaft erst zur Wissenschaft. [...] Jedes wissenschaftliche Fehlverhalten verletzt das Selbstverständnis und die Glaubwürdigkeit von Wissenschaft.“[13] Dieser Satz ist so richtig oder so falsch wie die Auskunft, dass man beim Fußballspielen möglichst vermeiden sollte, eine rote Karte zu bekommen. Allerdings wird ein Fußballspiel nicht allein deshalb zum guten Fußballspiel, weil keine roten Karten verteilt werden. „Originalität und Eigenständigkeit sind grundsätzlich die wichtigsten Qualitätskriterien jeder wissenschaftlicher Arbeit“[14], heißt es im genannten Papier von Hochschulverband und Fakultätentagen. Ähnlich klingt es in der Stellungnahme des Wissenschaftsrates zu den Perspektiven der Rechtswissenschaft: „Originalität, Relevanz sowie gedankliche Eigenständigkeit der Erkenntnisproduktion“[15] machten wissenschaftliches Arbeiten aus. Unklar bleibt, welche Kriterien es sind, die Originalität, Relevanz und gedankliche Eigenständigkeit erkennbar machen. Die Flucht vor dem Konkreten ist in diesen Stellungnahmen notorisch.

Das dürfte nicht von ungefähr kommen. Es fällt auf, so jedenfalls mein Eindruck, dass ein Austausch über Kriterien der Qualität wissenschaftlichen Arbeitens unter Kolleginnen und Kollegen nur selten stattfindet. Es herrscht mehr oder weniger bewusst die Vorstellung vor, dass die Bewertung von wissenschaftlicher Qualität – und damit nicht zuletzt die Benotung von wissenschaftlichen Arbeiten – ein Arkanum des jeweiligen Wissenschaftlers sei, der Standardisierung entzogen und professoraler Wesensschau überlassen. Das Ganze wird dann häufig noch mit dem Verweis auf die Wissenschaftsfreiheit garniert. Das ist einerseits nicht falsch, weil in der Tat Wissenschaft auch auf der Ebene der Bewertung wissenschaftlicher Leistung etwas Höchstpersönliches ist. Aber andererseits schließt das (wie das Prüfungsrecht zeigt)[16] nicht aus, dass der höchstpersönliche Eindruck intersubjektiv nachvollziehbar, also auf der Basis transparenter Qua-

---

13 *DHV u.a.*, Gute wissenschaftliche Praxis (Fn. 6), S. 2.

14 *DHV u.a.*, Gute wissenschaftliche Praxis (Fn. 6), S. 3.

15 *Wissenschaftsrat*, Perspektiven der Rechtswissenschaft in Deutschland (Fn. 10), S. 9 und 69.

16 *Zimmerling/Brehm*, Prüfungsrecht, 3. Aufl. Köln 2007; *Niehues/Fischer/Jeremias*, Prüfungsrecht, 6. Aufl. München 2014.

litätskriterien kommunizierbar sein muss. Der Verweis auf die Wissenschaftsfreiheit ist häufig nur eine Immunisierungsstrategie, die verhindern soll, dass scheinbar „von außen" in die Freiheit der Wissenschaftlerinnen und Wissenschaftler eingegriffen wird.

### 2. *Wissenschaftsfreiheit als „dienende Freiheit"*

Dahinter steht ein verkürztes Verständnis von Wissenschaftsfreiheit, das insbesondere die „dienende Funktion" der Wissenschaftsfreiheit ausblendet.[17] Auch die Rechtsprechung des Bundesverfassungsgerichts kennt sog. objektiv-rechtliche Gehalte der Wissenschaftsfreiheit,[18] die man als „dienende Funktion" der Wissenschaftsfreiheit umschreiben kann. Wissenschaft geschieht nicht im luftleeren Raum, sie hat zumindest auch die Aufgabe, junge Menschen für das Berufsleben, in dem sie mit wissenschaftlichen Methoden arbeiten können sollen, vorzubereiten.[19] Außerdem muss man sich immer wieder vor Augen führen, dass Wissenschaft ohne Finanzierung aus öffentlichen Mitteln nicht funktioniert. Gegenüber der Öffentlichkeit muss daher klar werden, worin die Qualität wissenschaftlichen Arbeitens besteht und wieso das Vertrauen der Öffentlichkeit in die qualitätsgesicherte Arbeit an den Hochschulen berechtigt ist. Man darf nicht vergessen, dass die Hochschulen aus Steuermitteln finanziert werden, die auch Menschen zahlen, die mit dem akademischen Leben nichts zu tun haben. Das ist nur gerechtfertigt, wenn deutlich wird, dass planvoll erzeugtes Wissen etwas schafft, nämlich – wenn es gut geht – einen Beitrag leistet zu einer morgen oder übermorgen vielleicht etwas besseren Welt.[20] Insofern ist Wissenschaft immer auch ein Beitrag zur Gestaltung des Gemeinwesens. Diese Gemeinwesen-Orientierung der Wissenschaft kann mithilfe

---

17 Zur kontroversen Diskussion über die Wissenschaftsfreiheit als „dienende Freiheit" s. nur *Krausnick*, Staat und Hochschule im Gewährleistungsstaat, Tübingen 2012, S. 118 ff., der diesen Ansatz ablehnt (S. 124); s. auch *Fraenkel-Haeberle*, Die Universität im Mehrebenensystem, Tübingen 2014, S. 173 ff.

18 S. nur BVerfG, Beschl. v. 20.7.2010 – 1 BvR 748/06 – BVerfGE 127, 87, Rn. 88 ff.

19 Vgl. etwa Art. 2 Abs. 1 S. 2 Bayerisches Hochschulgesetz: Die Hochschulen „bereiten auf eine berufliche Tätigkeit vor, welche die Anwendung wissenschaftlicher Erkenntnisse und wissenschaftlicher Methoden oder die Fähigkeit zu künstlerischer Gestaltung erfordert."

20 *Rixen*, JA H. 7/2014, Editorial.

der Formulierung „dienende Funktion der Wissenschaft" auf den Begriff gebracht werden. Dass die Rede von der „dienenden Funktion" der Wissenschaftsfreiheit kein Vorwand sein darf, die individuelle Wissenschaftsfreiheit über Gebühr zu beschränken, sei, um denkbaren Missverständnissen zuvorzukommen, nachdrücklich betont.

### *3. Zwischenfazit*

Als Zwischenfazit möchte ich Folgendes festhalten:

(1) Debatten über wissenschaftliche Integrität (*research integrity*) und die Qualität wissenschaftlichen Arbeitens lassen sich nicht sinnvoll trennen. Es geht immer um Fragen des Wissenschaftsethos bzw. des Wissenschafts(selbst)verständnisses. Die Güte wissenschaftlicher Arbeit hängt von Prinzipien (Haltungen) und Regeln ab, die ein bestimmtes Wissenschaftsverständnis zum Ausdruck bringen. Die Suche nach den Standards Guter Wissenschaftlicher Praxis kann nur integraler Bestandteil eines umfassenden Bestrebens sein, wissenschaftliche Qualität zu sichern.

(2) Gute Wissenschaftliche Praxis (als ein Aspekt der Debatte über wissenschaftliche Qualität) darf nicht auf wissenschaftliches Fehlverhalten (*scientific misconduct*) und seine quasi-detektivische Aufklärung reduziert werden (keine Fixierung auf negative Standards). Was als negativer Standard gilt, hängt letztlich vom Verständnis der wissenschaftlichen Integrität und Qualität ab.

(3) Zu den positiven Standards, deren Beachtung wissenschaftliche Qualität erkennbar macht, gehören formelle und materielle Standards. Als formelle Standards kann man bspw. Zitationsregeln oder Regeln über die Autorschaft bezeichnen. Materielle Standards beziehen sich eher auf die Frage, wie originell bzw. innovativ bestimmte wissenschaftliche Arbeiten sind und wie sich Originalität und Innovationsgehalt halbwegs nachvollziehbar ermitteln und kommunizieren lassen. Aber schon die Unterscheidung in formelle und materielle Standards ist mit Vorsicht zu genießen. Letztlich geht es durchweg um Kriterien, deren Beachtung darauf schließen lässt, dass in wissenschaftsspezifischer Form kommuniziert wird. Hierbei lassen sich eher äußerlich-formale und eher materiell-wertende Kriterien unterscheiden. Sie können ineinander übergehen, wie nicht zuletzt die Problematik des richtigen Zitierens belegt. Dass überhaupt zitiert wird, mag man als äußerlich-formales Kriterium noch vergleichsweise leicht überprüfen können. Ob aber in einem bestimmten disziplinären

Kontext hinreichend genau zitiert wurde, lässt sich ohne einen disziplinspezifischen (und geschichtlichem Wandel unterworfenen) Sinn für Angemessenheit nicht ermitteln – und dann befindet man sich im Terrain materiell-wertender Kriterien, die letztlich auf eine übergreifende Qualitätsperspektive verweisen.

## *IV. Mut zur Konkretisierung: der Kriterienkatalog von Helmuth Schulze-Fielitz*

### *1. Systematisierender Benchmark-Ansatz*

Woran können wir uns orientieren, wenn wir über die Qualität rechtswissenschaftlicher Promotionen nachdenken? Ich möchte hier an eine Schrift des Verfassungs- und Verwaltungsrechtswissenschaftlers *Helmuth Schulze-Fielitz* anknüpfen, der sich zu Beginn der 2000er Jahre mit der Frage beschäftigt hat: „Was macht die Qualität öffentlich-rechtlicher Forschung aus?“[21]. Im Zentrum seiner Überlegungen steht das öffentliche Recht, also nur eine Teildisziplin der Rechtswissenschaften. Allerdings sind seine Überlegungen auf andere rechtswissenschaftliche Disziplinen *mutatis mutandis* übertragbar.

*Schulze-Fielitz* vertritt in seinen Überlegungen einen systematisierenden Benchmark-Ansatz, der positive Standards öffentlich-rechtlicher Forschung formuliert, deren Beachtung auf eine hohe (Ergebnis-)Qualität – gelungene, überzeugende, „gute“ Wissenschaft – schließen lässt. Generell merkt man auch seinen Überlegungen an, wie schwierig es ist, einen stark subjektiv gefärbten Bereich plausibel zu „objektivieren“. Richtig verstanden legt *Schulze-Fielitz* Anregungen für die Selbstreflexion von Wissenschaftlerinnen und Wissenschaftlern fest. Er verfolgt keine starre Standardisierung oder gar Schematisierung der Qualitätsbewertung, will aber dazu beitragen – so verstehe ich ihn –, dass das bisherige fast einhellige Schweigen der Rechtswissenschaft zum Thema „wissenschaftliche Qualität“ endet und ein individuelles Nachdenken und optimalerweise ein Austausch über das Thema beginnt.

---

21 Zunächst erschienen im Jahrbuch des öffentlichen Rechts (JöR) Bd. 50 (2002), S. 1-68, hier zitiert nach dem Wiederabdruck in *Schulze-Fielitz*, Staatsrechtslehre als Mikrokosmos, Tübingen 2013, S. 298-374.

## 2. *Überblick über die Qualitätskriterien („Qualitätstopik")*

### a) Formalia, Zitationsregeln und Zitierrelevanz

*Schulze-Fielitz* beginnt in seinen Überlegungen zunächst mit einem Bereich, der vergleichsweise einfach zu beschreiben ist, nämlich mit den Formalia als Qualitätsindikatoren.[22] Er benennt Kriterien wie Sprache und Stil und verweist darauf, dass eine im Hinblick auf das Thema sachangemessene Form zu wählen sei, wobei Sprachästhetik und Redundanz, aber auch Probleme der Stilmoden angesprochen werden.[23] Mit erstaunlicher Offenheit benennt er Ross und Reiter, wenn er Beispiele für aus seiner Sicht gelungene Arbeiten, aber auch Beispiele für Publikationen anführt, die er nicht für gelungen hält.[24] Weitere Kriterien sind die Stringenz und Kohärenz, wobei er auf die Schlüssigkeit des Gedankengangs, eine klare Problemstellung sowie die Folgerichtigkeit bzw. Tiefe der Gliederung abstellt.[25]

Zu den Formalia zählt er auch die Zitierweise, wobei ihm die Zitierrelevanz wichtig ist, also die im jeweiligen wissenschaftlichen Themenfeld als angemessen geltende Wiedergabe der thematisch relevanten Literatur. Man merkt auch an dieser Stelle, dass eine Übersicht über Qualitätsindikatoren auf einem mehr oder weniger impliziten Wissen der jeweiligen Wissenschaftszunft aufsetzt: „man" weiß in der Zunft, was bei einem bestimmten Thema zu zitieren ist, was relevant ist oder nicht. Das Problem des *tacit knowledge* ist aber, dass häufig doch nicht so klar ist, was „man" richtigerweise so tut, denn was relevant ist oder nicht, fällt ja nicht vom Himmel, sondern wird in kommunikativen Prozessen der Wissenschaftsgemeinschaft hergestellt. Sie bestehen nicht nur als ideale Sprechsituationen, sondern die Macht der kommunizierenden Personen, Relevanzen festzulegen, ist sehr ungleich verteilt.

Ein weiterer, eher formeller Qualitätsindikator ist der transparente Umgang mit fremden Gedanken und Texten,[26] wohinter sich letztlich die gan-

---

22 *Schulze-Fielitz,* Staatsrechtslehre als Mikrokosmos (Fn. 21), S. 328 ff.

23 *Schulze-Fielitz,* Staatsrechtslehre als Mikrokosmos (Fn. 21), S. 329 f.

24 *Schulze-Fielitz,* Staatsrechtslehre als Mikrokosmos (Fn. 21), S. 329 f.; s. auch S. 335, S. 339 u. ö.

25 *Schulze-Fielitz,* Staatsrechtslehre als Mikrokosmos (Fn. 21), S. 330 ff.

26 *Schulze-Fielitz,* Staatsrechtslehre als Mikrokosmos (Fn. 21), S. 332 ff. (unter der Überschrift „Zitierweise").

ze Problematik des Zitierens von Texten verbirgt. Hierbei – dies ist allerdings eine Überlegung, die nicht von *Schulze-Fielitz* stammt und die ich hier aus Gründen des Sachzusammenhangs nur einflechte – sollte man bedenken, dass das Zitieren nicht mit dem formalistischen „Vermessen von Wörtlichkeit“[27] (*Philipp Theisohn*) verwechselt werden darf. Insoweit scheint mir eine stärkere Kontextualisierung von Textübernahmen mit Blick auf ihre inhaltliche Relevanz wichtig. Die verbreitete Annahme, fehlerhafte Zitationen seien *allein* daran zu erkennen, dass *quantitative* Textübereinstimmungen nachweisbar sind, hat eine differenzierte Betrachtung verdient.[28]

### b) Theoretischer Tiefgang – zur Gefahr wissenschaftlicher Moden

Ein weiteres Qualitätskriterium ist der theoretische Tiefgang, wobei *Schulze-Fielitz* auf die auf unterschiedlichen Abstraktionsebenen ansetzende theoretische Systematisierung verweist.[29] Hierbei geht es m.E. nicht zuletzt um das Problem sog. (Wissenschafts-)Moden. So gibt es etwa seit gut zwei Jahrzehnten im Raum des öffentlichen Rechts eine Debatte über die (inzwischen nicht mehr ganz so) „neue“ Verwaltungsrechtswissenschaft, die sich vor allem durch die Rezeption politik- bzw. sozialwissenschaftlicher Denkansätze („Governance“ u.a.) auszeichnet.[30] Je nachdem, wie eine bestimmte Mode die Diskurse bestimmt, wird die Güte der theoretischen Leistung im Hinblick auf die Indikatoren solcher Denkmoden bemessen. Ein Denkstil, der gerade nicht *en vogue* ist, wird dann möglicherweise weniger goutiert. Man muss also darauf achten, dass die (im Übri-

---

27 Vgl. den Vortrag „Fremde Worte, eigenes Denken. Wissenschaftliche Normen im historischen Wandel“, gehalten auf der Tagung des Wissenschaftsrats „Wissenschaft in der Verantwortung. Gute wissenschaftliche Praxis und Qualitätssicherung in der Promotion“ am 23.7.2013 in Berlin (abrufbar unter www.wissenschaftsrat.de [1.8.2015]); s. auch *Theisohn*, Verteidigung der Paraphrase. Das Wiedererzählen und die Krise der Geisteswissenschaften, in: Nach Feierabend. Zürcher Jahrbuch für Wissensgeschichte Bd. 9 (2013), S. 15 ff.; Verweis auf *Theisohn* auch bei *Rixen,* Macht wissenschaftliches Fehlverhalten unwürdig? (Fn. 11), S. 1062; *ders.*, JA H. 7/2014, Editorial.

28 *Rixen*, Macht wissenschaftliches Fehlverhalten unwürdig? (Fn. 11), S. 1061 f.

29 *Schulze-Fielitz,* Staatsrechtslehre als Mikrokosmos (Fn. 21), S. 336 ff.

30 Zur Kritik bspw. *Rixen*, Die Verwaltung Bd. 42 (2009), S. 309 ff.; s. auch die Einordnung durch *Schefold*, in: Bultmann u. a. (Hrsg.), FS U. Battis, München 2014, S. 3 (10 ff., 13 f.).

gen von der Wissenschaftsfreiheit garantierte) Pluralität der Denkansätze respektiert wird. Mit theoretischem Tiefgang kann auch dann gedacht werden, wenn hierbei nicht die vorherrschenden Denkmoden praktiziert werden.

Das hat auch Folgen für die von *Schulze-Fielitz* im Hinblick auf die Qualität aufgeworfene Frage, ob „dogmatische" – also auf die Operationalisierung geltendrechtlicher Normen bezogene – Themen mit Praxisbezug gewählt werden oder ob es eher um „großtheoretische" Arbeiten geht.[31] Gerade vor dem Hintergrund der sog. „neuen" Verwaltungsrechtswissenschaft lässt sich – so jedenfalls mein Eindruck – immer wieder eine Geringschätzung des Dogmatisch-Handwerklichen, also der Operationalisierungsebene des Rechts erkennen. Gepflegt wird vielfach ein Habitus des Theoretisch-sein-Müssens, es dominiert der Hang zur Supertheorie, die sich an Ideen entlang hangelt und souverän über Details (oder empirische Unsicherheiten) hinweggeht, die die Plausibilität der Idee in Frage stellen könnten. Dieser Trend wird durch die schon erwähnte Stellungnahme des Wissenschaftsrates zu den „Perspektiven der Rechtswissenschaft"[32] noch einmal unterstrichen, wo – abgesehen von den immer zu begrüßenden internationalen Bezügen und der Rechtsvergleichung – letztlich eine „Verkulturwissenschaftlichung" der Rechtswissenschaft empfohlen wird, die über eine Interdisziplinarität, wie man sie bislang kannte, noch hinausgehen dürfte.[33] Ein hegemoniales Wissenschafts(selbst)verständnis entscheidet wesentlich darüber, was als gute (und karriereförderliche) Wissenschaft gilt und was nicht.

### c) Originalität und innovativer Charakter

*Schulze-Fielitz* nennt als Qualitätsindikatoren auch „Originalität" und „innovativen Charakter"; es gehe um neue Gedanken und neue Sichtweisen.[34] Sie hängen wesentlich von den bereits erwähnten (Wissenschafts-)Moden ab, von subjektiven Präferenzen, gezielten Innovationsinszenierungen, von hegemonialen Engführungen der Wissenschaft, also

31 *Schulze-Fielitz,* Staatsrechtslehre als Mikrokosmos (Fn. 21), S. 337 ff.

32 *Wissenschaftsrat,* Perspektiven der Rechtswissenschaft in Deutschland (Fn. 10).

33 Vgl. hierzu *Rixen*, Juristische Bildung, nicht leicht gemacht: Die „Perspektiven der Rechtswissenschaft" des Wissenschaftsrats (Fn. 10), S. 709 f.

34 *Schulze-Fielitz,* Staatsrechtslehre als Mikrokosmos (Fn. 21), S. 343 ff.

ihrer Entpluralisierung. *Schulze-Fielitz* verweist darauf, dass eine Arbeit mutig gegen die herrschende Meinung vorgehen könne,[35] in der Tat ein vergleichsweise guter Indikator dafür, dass ein Gedanke neu ist. Schließlich verweist er auf „kopernikanische Wenden [...] in der Rechtswissenschaft“[36], also sehr deutliche Abbrüche bisheriger Denkansätze und Neuausrichtungen eines Themas.

### d) Insbesondere: Die Themenwahl – Schlüssel zum Promotionserfolg

Unter dem Aspekt von Originalität und innovativen Charakter befasst er sich auch mit der Themenwahl und fragt danach, ob das Thema eher dem Verfassungsrecht oder der verfassungsrechtlichen Theoriebildung zuzuordnen ist oder sich eher einem verwaltungsrechtlichen Gegenstand widmet, der sich häufig auf praxisrelevante Fragen beziehen wird.[37] Man kann an dieser Stelle nur unterstreichen, dass die Themendefinition für die Promotion das Entscheidende ist, sie ist die zentrale Betreuungsaufgabe des Promotionsbetreuers. Was bei der Themenwahl, also beim thematischen Zuschnitt einer Doktorarbeit nicht gelingt, wird sich gleichsam wie ein weiterfressender Mangel durch das gesamte Projekt ziehen.

Kriterien für Originalität können ferner Begriffsprägungen sein, die eine wissenschaftliche Disziplin fortan prägen, aber auch, wie bereits erwähnt, der Neuigkeitswert in Relation zur Diskussionslage.[38] So können bestimmte Studien (*Schulze-Fielitz* nennt z.B. wegweisende Studien zum Thema „Abwägung“)[39] bereits bekannte Problemstellungen noch einmal in ein neues Licht tauchen und die Diskussionslage verändern. Schließlich verweist *Schulze-Fielitz* noch auf das Argumentationsniveau, wobei er auf die Argumentationsstärke, also die Plausibilisierungskraft, und das Problembewusstsein sowie die Angemessenheit der Argumentationsebenen verweist.[40] Man kann sich also die Frage stellen, ob das „Kleindeklinieren“ des theoretischen Ansatzes auf die Ebene des „Operablen“ gelungen ist.

---

35 *Schulze-Fielitz,* Staatsrechtslehre als Mikrokosmos (Fn. 21), S. 344.
36 *Schulze-Fielitz,* Staatsrechtslehre als Mikrokosmos (Fn. 21), S. 344.
37 *Schulze-Fielitz,* Staatsrechtslehre als Mikrokosmos (Fn. 21), S. 345 ff.
38 *Schulze-Fielitz,* Staatsrechtslehre als Mikrokosmos (Fn. 21), S. 349 ff.
39 *Schulze-Fielitz,* Staatsrechtslehre als Mikrokosmos (Fn. 21), S. 351.
40 *Schulze-Fielitz,* Staatsrechtslehre als Mikrokosmos (Fn. 21), S. 363 ff.

#### e) Aufwand und Ertrag – Zum topischen Charakter der Kriterien

Schließlich ist nach dem Verhältnis von zeitlich-räumlichen Aufwand und Ertrag einer Arbeit zu fragen.[41] Auch hier stellt man fest, dass diese Kriterien zu den vorgenannten Kriterien eine Nähe aufweisen, insbesondere zu den Kriterien „theoretischer Tiefgang" und „Originalität". Man erkennt an dieser Stelle einmal mehr, dass der Versuch *Schulze-Fielitz*, positive Standards von Ergebnisqualität zu definieren, nicht als ein geschlossenes, kriteriell scharf abgegrenztes Projekt zu verstehen ist. Vielmehr werden in einem topischen Sinne Gesichtspunkte, die sich zum Teil auch überlappen, benannt, um der Selbstreflexion des einzelnen Wissenschaftlers bzw. der einzelnen Wissenschaftlerin Orientierung zu geben. Es empfiehlt sich, auch und gerade im Bereich der Rechtswissenschaft die vorgenannten Kriterien bereichsspezifisch zu differenzieren. Hierbei ist es, dies klang bereits an, wichtig, implizites Wissen, aber auch implizite Vorurteile explizit zu machen.

## *V. Perspektiven*

### *1. Bundesweites Forum für die Diskussion über Qualitätsstandards*

Was ist zu tun? Zunächst: Wir brauchen ein universitätsübergreifendes Forum der Diskussion über (materielle) Qualitätsstandards, das möglichst wenig von hochschulpolitischen Glaubensbekenntnissen gestört wird. Sinnvoll wäre m.E. ein wissenschaftsplural besetztes Forum auf Bundesebene, das Qualitätskriterien für rechtswissenschaftliche Forschung einschließlich der Promotion – und auch mit Blick auf die außeruniversitären Forschungseinrichtungen – entwickelt und aktualisiert,[42] und zwar für die Rechtswissenschaften differenziert nach dogmatikzentrierter und grundlagenorientierter Forschung. Ein solches Gremium könnte beispielsweise vom Wissenschaftsrat oder der „Allianz der Wissenschaftsorganisatio-

41 *Schulze-Fielitz,* Staatsrechtslehre als Mikrokosmos (Fn. 21), S. 366.

42 *Weingart*, Plagiate: Alarmstufe Gelb, in: duz MAGAZIN 9/2013, S. 42 f.; daran anknüpfend *Rixen,* Stellungnahme (Fn. 1), S. 8; so auch der *Wissenschaftsrat*, Empfehlungen zu wissenschaftlicher Integrität, 24.4.2015, S. 35 f., www.wissenschaftsrat.de (1.8.2015).

nen", also dem Zusammenschluss der wichtigsten Wissenschafts- und Forschungsorganisationen in Deutschland, initiiert werden.

Es geht hierbei nicht um eine „Bundestugendpolizei für die Wissenschaft"[43], sondern nur um ein niedrigschwelliges, informelles Forum, das die unterschiedlichen Akteure, die sich mit Fragen der Standardbildung befassen, zusammenbringt und einen regelmäßigen Austausch ermöglicht. Das könnte dann auch zu Leitfäden und aktualisierten Handreichungen führen, denen eine Orientierungsfunktion zukommen könnte und die die Vagheit und das Diffuse mancher Diskussion über Qualitätsstandards zumindest etwas reduzieren würden.

### 2. *Qualitätssicherung durch Wissenschaftsfinanzierung*

Die Empfehlungen dieses Forums sollten durch relativ „weiche" Steuerungsinstrumente umgesetzt werden, die als Bypass zur Umgehung politischer Blockaden wirken, die im föderalen Mehrebenensystem des Grundgesetzes eher der Normal- als der Ausnahmefall sind. Wichtig sind hier die Fördergeber, etwa die Deutsche Forschungsgemeinschaft (DFG) oder auch das Bundesministerium für Bildung und Forschung (BMBF), die nicht bloß allgemein gehaltene Vorgaben an die Qualität von Promotionen zum Teil der Förderrichtlinien machen sollten. Die Vorgaben müssten kleinteilig sein und die Hochschulen verpflichten, entsprechende Vorgaben an die Qualitätssicherung effektiv umzusetzen. Auch in den Hochschulgesetzen bzw. in Zielvereinbarungen mit den Hochschulen könnten solche Empfehlungen flankierend effektiv gemacht werden.

Eine Politik des „goldenen Zügels" kann allfällige hochschul- und fakultätstypische Renitenzen unterlaufen. Zugespitzt lässt sich sagen: „Die List der wissenschaftsethischen Vernunft wirkt monetär."[44] Die für jede Organisation typische Widerständigkeit ist menschlich zum Teil verständlich. Wer z.B. schon einmal dreißigseitige Hochschulsatzungen zur Qualitätssicherung in der Lehre gelesen hat oder sie als Dekan aufgebrachten Kolleginnen oder Kollegen schmackhaft machen musste, der zweifelt nicht daran, dass es an den Hochschulen Pseudo-Innovation und Überre-

---

43 *Weingart*, Plagiate: Alarmstufe Gelb (Fn. 42) S. 43.
44 *Rixen,* Stellungnahme (Fn. 1), S. 10.

gulierung gibt. Nur sollte das keine Entschuldigung dafür sein, jede Veränderung undifferenziert unter Sinnlosigkeitsverdacht zu stellen.

### *3. Hochschulinterne Vorkehrungen der Qualitätssicherung*

Wir brauchen auf Ebene der Hochschulen Institutionen, in denen Qualitätsstandards auch für die Phase der Promotion ermittelt, vermittelt und konkretisiert werden. Dazu gehören z.B. immateriell und finanziell attraktive Angebote von *graduate schools* bzw. Graduiertenkollegs, aber auch die stärkere Verantwortungsübernahme der Professorinnen und Professoren. Beispielsweise könnte das Thema „Qualität der Wissenschaft" (einschließlich der wissenschaftlichen Integrität) an prominenter Stelle bei den sog. Neuberufenen-Tagen angesprochen werden, also dann, wenn, wie an vielen Hochschulen üblich, neu berufene Kolleginnen und Kollegen zu Beginn ihrer Tätigkeit von den Hochschulleitungen für ein/zwei Tage zu einer Art Begrüßungs-Workshop eingeladen werden. Wissenschaftliche Qualität und Integrität könnten zudem regelhaft bei den Berufungsverhandlungen thematisiert werden, etwa mit dem auch in die Berufungsvereinbarung aufzunehmenden Hinweis, dass die Befassung mit Fragen der wissenschaftlichen Qualität und Integrität zum Amt des Hochschullehrers gehört. Die Vertrautheit mit den Fragen der wissenschaftlichen Qualität und Integrität sollte im Übrigen schon in den Stellenausschreibungen als Eignungsmerkmal genannt werden.

### *4. Zur Verantwortung der Fakultäten für die Promotion*

Die Universitäten – und damit auch die Fakultäten (Fachbereiche), auch die juristischen – sollten durch die Landeshochschulgesetze verpflichtet werden, die Promotionsordnungen mittels Leitlinien zu Qualitätskriterien sowie Benotungsstandards und Aufwand zu ergänzen. Im Sinne der Wissenschaftsfreiheit wäre es, wenn sich die Hochschulgesetze auf eine Rahmenregelung zurückziehen würden, die von den Fakultäten auszufüllen wäre. Überdies müssten Promotionskommissionen, die universitären Kommissionen zur Aufklärung wissenschaftlichen Fehlverhaltens und auch die *graduate schools* Teil eines universitätsinternen Kooperationsverbundes sein und sich gemeinsam um die Entwicklung solcher Leitlinien zu Qualitätskriterien bzw. Benotungsstandards kümmern.

## *5. (Wieder-)Belebung des Rezensionswesens*

Das Rezensionswesen muss, idealerweise in Absprache mit den Herausgebern und den Verlagen auf die Empfehlungen des oben genannten Forums abgestimmt werden. Das Rezensionswesen – auch soweit es um Dissertationen geht – liegt, worauf der Wissenschaftsrat zu Recht hinweist, im Bereich der Rechtswissenschaft eher brach.[45] Aussagekräftige – und nicht bloß lobhudelnde bzw. nichtssagende – Rezensionen (bzw. „Buchanzeigen“) sind im Bereich der Rechtswissenschaft nicht eben eine Selbstverständlichkeit. Um das für die Promotionen zu ändern, wären z.B. wiederkehrende Sammelrezensionen über Dissertationsschriften eines Jahres hilfreich oder auch etwa im Rahmen der alljährlichen Auswahl der „juristischen Bücher des Jahres“[46] eine stärkere Sichtung auch der Promotionen, von denen dann auch mit Blick auf die Diskussion über Qualitätsstandards eine Vorbildwirkung ausgehen könnte.[47]

Verbesserungsbedürftig ist zudem das nicht-öffentliche Rezensionswesen, etwa die Aufnahme von Promotionen in Schriftenreihen oder das (im rechtswissenschaftlichen Bereich bislang kaum übliche) *peer review*-Verfahren.[48] Einige Leitmedien[49] müssten hier mit gutem Beispiel vorangehen, d.h. man wird die wichtigen Zeitschriften einer rechtswissenschaftlichen Disziplin überzeugen müssen, dass sie (auch) bei der Bildung von

---

45 *Wissenschaftsrat,* Perspektiven der Rechtswissenschaft in Deutschland (Fn. 10), S. 8, S. 48, insb. S. 50 f.

46 Die Empfehlungen eines wechselnden Kreises renommierter Kolleg(inn)en werden jährlich seit 1995 ausgesprochen, vgl. NJW 1995, S. 234 ff. und NJW 2013, S. 3414 ff.

47 Auch auf Fakultätsebene lässt sich etwas verändern. Z.B. könnte jede Fakultät regelmäßig (etwa einmal im Jahr) eine Dissertation als Benchmark, also als besonders gelungenes Beispiel einer wissenschaftlichen (Erstlings-)Arbeit, definieren.

48 Dabei wird nicht verkannt, dass auch peer-review-Verfahren ihre Schwächen haben können, s. zu einem besonders krassen Fall eines „peer review ring“, der zu 60 *retractions* aus dem *Journal of Vibration and Control* führte, die Informationen unter http://retractionwatch.com/2014/07/08/sage-publications-busts-peer-review-and-citation-ring-60-papers-retracted/ (1.8.2015).

49 Zu denken ist an die Archivzeitschriften (AöR, Die Verwaltung, Der Staat, Verwaltungsarchiv) und sonstige besonders renommierte allgemein-öffentlichrechtlich ausgerichtete Zeitschriften (z.B. JZ, DVBl, DÖV, NVwZ). Das gilt auch für die jeweiligen Leitmedien in den Bereichen des besonderen Verwaltungsrechts (z.B. im Sozialrecht insb. SGb, NZS, VSSR oder im Umweltrecht etwa UPR, ZUR, NuR).

Standards wissenschaftlicher Qualität und Integrität eine Vorbildfunktion haben. Auch dies könnte dadurch indirekt befördert werden, dass Drittmittelgeber, namentlich die DFG, z.B. Druckkostenzuschüsse nur noch für juristische Verlage bewilligen, die qualifizierte *peer review*-Verfahren anwenden.

## *VI. Schlussbemerkung*

Mein Resümee lautet:

(1) Die Ermittlung, Vermittlung und Durchsetzung von Qualitätsstandards rechtswissenschaftlicher Promotionen gehört zur regulierten Selbstregulierung des Wissenschaftssystems. Diese Compliance-Aufgabe erstreckt sich nicht nur auf die Kriterien der wissenschaftlichen Integrität (Gute Wissenschaftliche Praxis [GWP]), wissenschaftliche Qualität ist mehr. Die Länder und vor allem die Drittmittelgeber sollten mit einem Mix aus „harten“ und „weichen“ Steuerungsinstrumenten die Universitäten – und damit auch die juristischen Fakultäten – ermutigen, das Thema „Qualität rechtswissenschaftlicher Promotionen“ ernst zu nehmen.

(2) Die Wissenschaftsfreiheit wird durch ein solches Vorgehen nicht gefährdet, sondern gefördert. Wissenschaftsfreiheit ist im Kern eine dienende Freiheit. Es gibt keinen (professoralen) Anspruch darauf, von der „Zumutung“ verschont zu bleiben, Haltungen und Strukturen zu ändern. Eindimensionale Konzeptionen von Wissenschaftsfreiheit verkennen das.

(3) Die Akzeptanzchancen für institutionelle Reformen im Hochschulbereich lassen sich steigern, wenn das Thema der Qualitätsstandards nicht zu sehr in den (Negativ-)Sog gerät, der von anderen umstrittenen hochschul- bzw. bildungspolitischen Themen ausgeht. Das Thema „Standards der wissenschaftlichen Qualität“ – das ist mehr als ein Nachdenken über GWP-Standards, also wissenschaftliche Integrität – darf nicht zur Verhandlungsmasse in disparaten politischen „Paketen“ werden, die beim Streit um hochschulpolitische Fragen (oder beim Abschluss von Zielvereinbarungen mit Hochschulen) ggf. auch beiseite geschoben werden können. Die Einhaltung wissenschaftlicher Qualitäts- und Integritätsstandards ist nicht verhandelbar. Verhandelbar ist nur, wie solche Standards an den Hochschulen effektiv ermittelt, vermittelt und durchgesetzt werden können.

# Promovieren in der Rechtswissenschaft – Bedingungen und Strukturen im Vergleich zu anderen Disziplinen

*Jakob Tesch*

## *I. Einleitung*

Es ist noch nicht allzu lange her, da stand die deutsche Promotion in der Rechtswissenschaft im Dauerfeuer der Kritik. Das Spektrum der vorgebrachten Vorwürfe ist dabei beachtlich und reicht von fehlender Orientierung an wissenschaftlichen Standards[1] zu Beschwerden, ein substanzieller Teil der juristischen Promotionen sei überflüssig.[2] Bemängelt wird zudem die Qualität der Promotion in der Rechtswissenschaft; ihr wird vorgeworfen, sie diene lediglich den Sprösslingen aus hochgebildeten Elternhäusern, um sich von den Absolventen der niederen sozialen Schichten abzugrenzen.[3] Nicht immer wurde dabei auf Daten Bezug genommen. Zum Teil gehören Juristen offenbar selbst zu ihren schärfsten Kritikern und vieles ist sicherlich angespornt durch den Freiherrn mit den vielen Vornamen, dessen Plagiat das Promotionswesen der gesamten Bundesrepublik zwar nachhaltig erschüttert, jedoch bislang kaum verändert hat. So wurde in der Diskussion um die rechtswissenschaftliche Promotion bislang zum Beispiel eine Diskussion über Promotionsbedingungen ausgespart, die auf breiterer Ebene schon längere Zeit Thema ist.

Derzeit unterliegen die Bedingungen, unter denen promoviert wird, einem Wandel und es wird neben der Einführung von strukturierten Promotionsprogrammen und Betreuungsvereinbarungen auch über ein Promotionsrecht für Fachhochschulen diskutiert. Offenbar geht jedoch insbe-

1 *Wissenschaftsrat*, Perspektiven der Rechtswissenschaft in Deutschland, Hamburg 2012.

2 *Möllers/Heinig*, Kultur der Kumpanei, in: FAZ-Online vom 23.03.2011, http://www.faz.net/aktuell/politik/staat-und-recht/gastbeitrag-kultur-der-kumpanei-1610253.html (22.1.2015).

3 *Hartmann*, Der Mythos von den Leistungseliten, Frankfurt a.M../New York 2002; *Schröder/Klopsch*, Der juristische Doktortitel, in: Humboldt Forum Recht 4/2012, http://www.humboldt-forum-recht.de/deutsch/4-2012/index.html (3.7.2014), S. 33-75.

sondere die Diskussion um strukturierte Doktorandenprogramme überwiegend an der Rechtswissenschaft vorbei. Ist die Promotion in der Rechtswissenschaft also eine Bastion der traditionellen Promotion, die in Einsamkeit und voller Hingabe, nur in Absprache mit dem Betreuer geschrieben wird? Vieles spricht dafür, dass die Promotion in der „Professionsfakultät"[4] Rechtswissenschaft im Spannungsfeld zwischen einer beruflichen Zusatzqualifikation und der Eintrittskarte für die wissenschaftliche Laufbahn steht, mit Folgen für die Promotionsbedingungen.

Der vorliegende Beitrag nimmt die Frage nach der Besonderheit juristischer Promotionen in den Blick und führt dabei vor allem die spärlich vorhandenen Daten der amtlichen Statistik sowie die Daten aus der Promovierendenbefragung „ProFile" des Instituts für Forschungsinformation und Qualitätssicherung (iFQ) sowie die Daten anderer Studien zusammen. Eins vorweg: Einiges von dem, was der Rechtswissenschaft vorgeworfen wird, kann mit Hilfe der Daten aus den Promovierendenbefragungen besser eingeordnet werden, mit einer wesentlichen Ausnahme: Es ist kaum möglich, etwas über die Qualität von Promotionen auszusagen – weder für die Rechtswissenschaft noch für andere Fächer. Dieser Tatsache ist sich der Autor bewusst. Der Grund hierfür ist, dass ein Austausch darüber fehlt, was qualitativ hochwertige Promotionen ausmacht. Erst im Ergebnis dieses Austauschs ließen sich geeignete Indikatoren bilden, mit denen die Qualität der rechtswissenschaftlichen Promotionen empirisch betrachtet werden könnte. Bis dahin ist es jedoch noch ein weiter Weg, den alle Disziplinen beschreiten müssen, wenn sie der Aufforderung des Wissenschaftsrats Folge leisten wollen.[5] Der vorliegende Text möchte einen solchen Austausch anregen, indem Promotionsbedingungen in der Rechtswissenschaft beschrieben werden.

## *II. Zur Datenlage über Promovierende allgemein und in der Rechtswissenschaft*

Die Datenlage zu Promovierenden im Allgemeinen kann nach wie vor als unzureichend bezeichnet werden. Das liegt vor allem an dem fehlenden

---

4 *Wissenschaftsrat*, Perspektiven der Rechtswissenschaft in Deutschland (Fn. 1).

5 *Wissenschaftsrat*, Anforderungen an die Qualitätssicherung der Promotion, Positionspapier, Köln 2011, http://www.wissenschaftsrat.de/download/archiv/1704-11.pdf (1.3.2012).

Doktorandenstatus, der verhindert, Aussagen über die Zahl der Promovierenden aus der amtlichen Statistik abzuleiten.[6] Eine allgemeine Immatrikulationspflicht besteht nicht und so sind wir, was die Zahl der Promovierenden angeht, auf Schätzungen angewiesen. Die aktuellste hat das Statistische Bundesamt auf Grundlage einer Befragung nach § 7 Abs. 1 BStatG vorgelegt. Diese kommt zu dem Ergebnis von 200.400 Promovierenden im Wintersemester 2010/2011, darunter 35.900 in der Fächergruppe Rechts-, Wirtschafts- und Sozialwissenschaften.[7] Ausgehend vom Anteil der abgeschlossenen rechtswissenschaftlichen Promotionen an allen Promotionen der Fächergruppe Rechts-, Wirtschafts- und Sozialwissenschaften – 2010 waren das rund 42 Prozent – entspricht dies näherungsweise 15.000 Promovierenden in der Rechtswissenschaft. Die Annäherung ist jedoch sehr grob und nimmt eine Gleichverteilung von Promotionsabbrüchen in der Fächergruppe an, was – wie wir unten sehen werden – unrealistisch sein dürfte.

Angesichts der unzureichenden Datenlage hat das iFQ im Jahr 2009 die regelmäßige Befragung im Rahmen des Promovierendenpanels „ProFile" gestartet. Ziel von „ProFile" ist es, in Zusammenarbeit mit Universitäten, Stiftungen und Begabtenförderwerken Informationen über die Promotionsbedingungen und Karrierewege von Promovierenden bereit zu stellen. Hierzu kooperiert das iFQ derzeit mit dem Deutschen Akademischen Austauschdienst, der Studienstiftung des Deutschen Volkes und der Heinrich-Böll-Stiftung sowie mit neun Universitäten, von denen sieben über juristische Fakultäten verfügen.[8] Bei den Kooperationspartnern wird jeweils eine Vollerhebung aller Promovierenden mit Ausnahme derer aus der Medizin angestrebt. Die Fallzahl für die Analysen, die hier präsentiert werden oder auf die hier verwiesen wird, liegt – soweit nicht anders angegeben – bei 2.680 Promovierenden, wobei 181 Promovierende aus der Rechtswissenschaft sind. Da die Auswahlgrundlage, also die Zahl der Promovieren-

6 *Meinel/Möllers*, Rechtsfragen der statistischen Erfassung von Doktoranden zur Qualitätssicherung im Promotionswesen, in: Hornbostel (Hrsg.), Wer promoviert in Deutschland?, Berlin 2012, S. 21-49.

7 *Wolters/Schmiedel*, Promovierende in Deutschland, Wirtschaft und Statistik 2012, S. 485-491.

8 Humboldt-Universität zu Berlin, Universität Kassel, Ruprecht-Karls-Universität Heidelberg, Freie Universität Berlin, Friedrich-Schiller-Universität Jena, Leibniz Universität Hannover, Universität Osnabrück, Otto-von-Guericke-Universität Magdeburg. Von der Goethe-Universität Frankfurt am Main ist die Goethe Graduate Academy (GRADE) Kooperationspartner des iFQ.

den in Deutschland, unklar ist, können die „ProFile"-Daten keine Repräsentativität für diese Gruppe beanspruchen. Allerdings sind die Daten nach allen bekannten Parametern, wozu das Promotionsfach, Geschlecht und Geburtsjahr gehören, ein gutes Abbild der Promovierenden an den kooperierenden Universitäten. Lediglich Frauen sind in „ProFile" etwas überrepräsentiert. Die Abweichungen nach Fächern bewegen sich in vernachlässigbaren Bereichen.[9] Die im Folgenden präsentierten Auswertungen beziehen sich auch nur auf die Promovierenden, die ihre Promotion an einer der kooperierenden Universitäten ablegen, um die Überrepräsentanz der Stipendiaten im Sample zu kontrollieren. Das Spektrum der abgefragten Themen in „ProFile" ist breit. Deshalb wird im Folgenden auf Ergebnisse aus der Befragung verwiesen, wenn dies sich anbietet, oder es werden einige neue Auswertungen präsentiert.

„ProFile" nimmt unter den Doktorandenbefragungen als Längsschnittstudie eine Sonderstellung ein. Zwar sind in der Vergangenheit bereits Ergebnisse aus Doktorandenbefragungen publiziert worden, jedoch wurden die Ergebnisse selten differenziert nach Fächern, sondern nur aggregiert nach Fächergruppen ausgewertet.

Umfangreiche Auswertungen wurden basierend auf einer Befragung bayrischer Promovender vorgenommen und publiziert.[10] Zu nennen sind darüber hinaus die Studie *International promovieren in Deutschland*[11] und eine deutschlandweite Befragung der Promovierenden und Promovierten-Initiative *Thesis*.[12] Insgesamt kann festgehalten werden, dass einige Studien zwar Auswertungen zu Promovierenden in der Rechtswissenschaft enthalten, keine Studie sich bislang jedoch explizit mit der Rechtswissenschaft befasst hat. Auch der vorliegende Beitrag vermag diese Lücke nicht

---

9 Genaueres zur Methodik von ProFile sowie umfangreiche Auswertungen: *Hauss et al.*, Promovierende im Profil, iFQ-Working Paper 13, Berlin 2012, http://www.forschungsinfo.de/Publikationen/Download/working_paper_13_2012.pdf (3.7.2014).

10 *Berning/Falk*, Promotionsstudium, in: Beiträge zur Hochschulforschung 26 (2004), S. 54-76; *Berning/Falk*, Das Promotionswesen im Umbruch, in: Beiträge zur Hochschulforschung 27 (2005), S. 48-72; *Berning/Falk*, Promovieren an den Universitäten in Bayern, Bayrisches Staatsinstitut für Hochschulforschung und Hochschulplanung 2006, http://www.ihf.bayern.de/uploads/media/ihf_studien_hochschulforschung-72.pdf (22.1.2015).

11 *Senger/Vollmer*, International promovieren in Deutschland, Bielefeld 2010.

12 *Gerhardt/Briede/Mues*, Zur Situation der Doktoranden in Deutschland, in: Beiträge zur Hochschulforschung 27 (2005), S. 74-95.

vollständig zu schließen, da sich die vorliegenden empirischen Daten auf die Promotionsphase konzentrieren und der Promotionsabschluss weitgehend unberücksichtigt bleibt. Vorrangig wird also eine Bestandsaufnahme der Promotionsbedingungen in der Rechtswissenschaft vorgelegt.

### *III. Institutionelle Struktur des Promotionsangebots in der Rechtswissenschaft*

Nach dem *Hochschulkompass*[13] der *Hochschulrektorenkonferenz* (HRK) kann der Dr. jur. von insgesamt 47 deutschen Fakultäten verliehen werden, darunter auch einige sozial- und geisteswissenschaftliche Fakultäten, mit integrierten Lehrstühlen der Rechtswissenschaft, weshalb die Zahl auch über der vom Wissenschaftsrat angegebenen Zahl der juristischen Fakultäten (43) liegt.[14] Mit der *Bucerius Law School* und der *EBS Universität für Wirtschaft und Recht* verfügen darüber hinaus auch zwei private Hochschulen über ein Promotionsrecht in der Rechtswissenschaft. An drei weiteren Fakultäten sowie der privaten *Hertie School of Governance* wird eine Promotion von Absolventen eines rechtswissenschaftlichen Studiums ermöglicht, jedoch ein anderer Grad verliehen, wie zum Beispiel der Dr. rer. pol, sodass insgesamt an rund 50 verschiedenen Standorten promoviert werden kann.

Ein wesentlicher Bestandteil vieler Promotionsordnungen sind heute Regelungen zu Promotionen in Form von mehreren Artikeln in begutachteten Fachzeitschriften (kumulative Promotion). Die kumulative Promotion ermöglicht eine alternative Form der Qualitätssicherung, da neben die Begutachtung durch die Fakultät externe Gutachter der Zeitschriften hinzutreten. Der Wissenschaftsrat hat den Hochschulen deshalb empfohlen, die kumulative Promotion zu ermöglichen und eine Diskussion um Standards dieser Promotionsform angeregt.[15] In der Rechtswissenschaft wird bislang kaum kumulativ promoviert und diese Promotionsform ist in den Promotionsordnungen selten vorgesehen. Sowohl die Auswertung der Promotionsordnungen des iFQ aus dem Jahr 2012 als auch eine aktuelle Re-

---

13 *Hochschulkompass*, http://www.hochschulkompass.de/promotion/suche-nach-promotionsmoeglichkeiten/erweiterte-suche (22.1.2015).

14 *Wissenschaftsrat*, Perspektiven der Rechtswissenschaft in Deutschland (Fn. 1).

15 *Wissenschaftsrat*, Anforderungen an die Qualitätssicherung der Promotion (Fn. 5).

cherche des Autors im HRK-Hochschulkompass bestätigen dies.[16] Lediglich fünf der 47 Fakultäten räumen den Promovierenden diese Möglichkeit ein. Zum Vergleich: In der Chemie sehen 40 der 60 Fakultäten eine kumulative Promotion in der Promotionsordnung vor.

Die institutionelle Struktur des Promotionsangebots in Deutschland kann heute nicht mehr ohne Einbeziehung der strukturierten Promotionsprogramme betrachtet werden, die seit Ende der 1980er Jahre in Deutschland eingerichtet wurden und mit denen sich die Hoffnung einer stärkeren Formalisierung der Betreuung, schnellere Promotionszeiten, die Betreuung durch mehrere Hochschullehrer, ein obligatorisches Lehr- und Kursangebot, ein transparentes Auswahlverfahren sowie eine Einbindung in einen größeren thematischen Forschungskontext verbindet.[17] In der Rechtswissenschaft ist das Spektrum an Promotionsmöglichkeiten im Rahmen strukturierter Programme vergleichsweise gering. Weder unter den derzeit 45 im Rahmen der zweiten Phase der Exzellenzinitiative geförderten Graduiertenschulen noch unter den Graduiertenschulen der ersten Förderphase ist alleinig die Rechtswissenschaft verortet.[18] Promovenden der Rechtswissenschaft stehen jedoch die aus Mitteln der Exzellenzinitiative geförderten Angebote der fächerübergreifenden Graduiertenschulen an der Ruhr-Universität Bochum und der Universität Bremen, sowie viele der hochschulübergreifenden Graduiertenakademien (wie bspw. der *GRADE* in Frankfurt am Main) offen. Allerdings liegt der Fokus der hochschulübergreifenden Angebote naturgemäß stärker auf der Information über Kursangebote und allgemeinen Unterstützungsmaßnahmen als einer Einbindung in einen größeren Forschungskontext.

Etwas anders sieht es aus, wenn man sich die disziplinäre Verortung der von der *Deutschen Forschungsgemeinschaft* (DFG) geförderten nationalen und internationalen Graduiertenkollegs anschaut. Unter den 67 Graduiertenkollegs im Bereich der Geistes- und Sozialwissenschaften gibt es sechs Graduiertenkollegs in der Rechtswissenschaft.[19] Das erscheint im Ver-

---

16 *Hornbostel/Tesch*, Die Forschungspromotion, in: Forschung & Lehre 8/2014, S. 606-608, http://www.forschung-und-lehre.de/wordpress/?p=16757 (9.1.2015).

17 *Hauss et al.*, Promovierende im Profil (Fn. 9).

18 *DFG*, Liste der laufenden Graduiertenschulen, http://www.dfg.de/foerderung/programme/listen/index.jsp?id=GSC (19.12.2014).

19 *DFG*, Graduiertenkollegs, http://www.dfg.de/foerderung/programme/koordinierte_programme/graduiertenkollegs/index.html (19.12.2014).

gleich zu den Sozial- und Wirtschaftswissenschaften beachtlich, die zusammen auf elf Kollegs kommen.

Eine Ausnahmestellung unter den strukturierten Promotionsangeboten nimmt die *Albrecht Mendelssohn Bartholdy Graduate School of Law* (AMBSL) in Hamburg ein. Die AMBSL ist ein unabhängig von der Förderung durch die DFG etabliertes Graduiertenkolleg der Rechtswissenschaft mit ausgeprägtem Forschungsprofil, das Promotionsstipendien vergibt und auch Absolventen nichtrechtswissenschaftlicher Studiengänge offen steht. Insofern leistet sie Pionierarbeit bei der Vernetzung der Promovenden aus der Rechtswissenschaft mit unterschiedlichen Disziplinen.

Repräsentative Angaben zum Anteil der Promovierenden in strukturierten Programmen sind bislang nur aus der Studie des *Instituts für Hochschulforschung* in Bayern verfügbar. Dort zeigte sich, dass mit 85 Prozent in keinem anderen Fach so viele ohne Einbindung in ein Promotionsstudium oder Graduiertenkolleg zu finden waren, wie in der Rechtswissenschaft.[20] Allerdings wurden die Daten erhoben, bevor die Graduiertenkollegs in Passau und Bayreuth eingerichtet wurden. Aktuelle Daten liegen nicht vor.

## *IV. Abgelegte Promotionen im Spiegel der amtlichen Statistik*

### *1. Zahl der abgeschlossenen Promotionen in Deutschland im weltweiten Vergleich*

In Deutschland werden jährlich insgesamt rund 27.000 Promotionsprüfungen erfolgreich abgeschlossen, davon mit rund 8.000 die meisten in der Medizin.[21] Im weltweiten Vergleich belegt Deutschland damit den dritten Rang, nachdem China die USA und Deutschland nunmehr überholt hat. Die internationale Spitzenposition nimmt Deutschland in der von der Or-

---

20 *Berning/Falk*, Das Promotionswesen im Umbruch (Fn. 10). Auf Basis der ProFile Daten könnten Angaben zum Anteil von Promovierenden in strukturierten Programmen an den teilnehmenden Universitäten getroffen werden. Diese sind jedoch ohne eine vertiefende Darstellung des Profils der Universitäten kaum aussagekräftig, was an dieser Stelle jedoch nicht von Interesse ist.

21 *Statistisches Bundesamt*, Bildung und Kultur – Prüfungen an Hochschulen, Statistisches Bundesamt Fachreihe 11 Reihe 4.2, Wiesbaden 2013, https://www.destatis.de/DE/Publikationen/Thematisch/BildungForschungKultur/Hochschulen/PruefungenHochschulen.html (22.1.2015).

ganisation für wirtschaftliche Zusammenarbeit und Entwicklung (OECD) geführten Statistik zu der Zahl abgelegter Prüfungen in der Rechtswissenschaft ein. In keinem anderen Land werden jährlich mehr als die rund 1.600 juristischen Doktortitel in Deutschland verliehen (Abbildung 1). Der Grund für die Platzierung Deutschlands vor den USA mit ihrem ungleich größeren Hochschulsystem dürfte darin liegen, dass die rechtswissenschaftliche Promotion dort zwischen Professionsdoktoraten (Juris Doctor, J.D.) und Forschungsdoktoraten (Doctor of Juridical Science, J.S.D. bzw. S.J.D.) unterscheidet, jedoch nur letztere in dieser OECD-Statistik enthalten sind. So wurden in den USA im Jahr 2012 rund 480 Forschungsdoktorate und rund einhundertmal mehr (45.000) J.D. vergeben.[22] In Deutschland zählen mangels alternativer Titel alle rechtswissenschaftlichen Promotionen als Forschungsdoktorate. Die „Professionsfakultät" Rechtswissenschaft verfügt also hierzulande nicht über Professionsdoktorate. Wie soll man nun die Spitzenposition Deutschlands unter den rechtswissenschaftlichen Promotionen bewerten? Einerseits kann die Zahl belegen, dass in Deutschland tatsächlich weltweit die meisten Forschungsarbeiten auf dem Gebiet der Rechtswissenschaft abgelegt werden, was als Nachweis von Forschungsstärke der deutschen Rechtswissenschaft gewertet werden könnte. Fürsprecher dieser Sichtweise argumentieren mit Blick auf die Promotionen an ihrer Fakultät, dass in Deutschland bedingt durch seine vergleichsweise häufigen politischen Transformationen in der jüngeren Geschichte, die ja immer auch Transformationen des Rechts waren, auch ein großer Bedarf an wissenschaftlichen Arbeiten zu diesen Themen besteht.[23] Als Gegenthese ließe sich einwenden, die Qualität der abgelegten Promotionen ist äußerst heterogen und zum Teil genügen die Arbeiten nicht dem Kriterium eines originellen wissenschaftlichen Beitrags, eben weil sie mit der Zielvorgabe erstellt wurden, sich vertiefte Fachqualifikationen anzueignen oder aus Statusgründen. Um eine der beiden Thesen bestätigen zu können, ist es notwendig, etwas über die Qualität der Promotionen in Erfahrung bringen zu können. Inwieweit werden Promotionen tatsächlich als Beiträge zur Forschung perzipiert? Neben dieser Frage, die für alle Disziplinen von Interesse ist, ist auch danach zu fragen, wie viele der Promotionen sich tatsächlich den angesprochenen Transformations-

22 *American Bar Association*, Enrollment and Degrees Awarded, http://www.americanbar.org/content/dam/aba/administrative/legal_education_and_admissions_to_the_bar/statistics/enrollment_degrees_awarded.pdf (22.1.2015).

23 *Schröder/Klopsch*, Der juristische Doktortitel (Fn. 3), S. 41.

prozessen widmen oder bspw. wie stark die einzelnen rechtswissenschaftlichen Fachgebiete, rechtsdogmatische oder rechtshistorische Arbeiten vertreten sind. Diese Informationen sind jedoch nicht flächendeckend verfügbar, weder in der Rechtswissenschaft noch in den meisten anderen Disziplinen.[24]

*Abbildung 1*

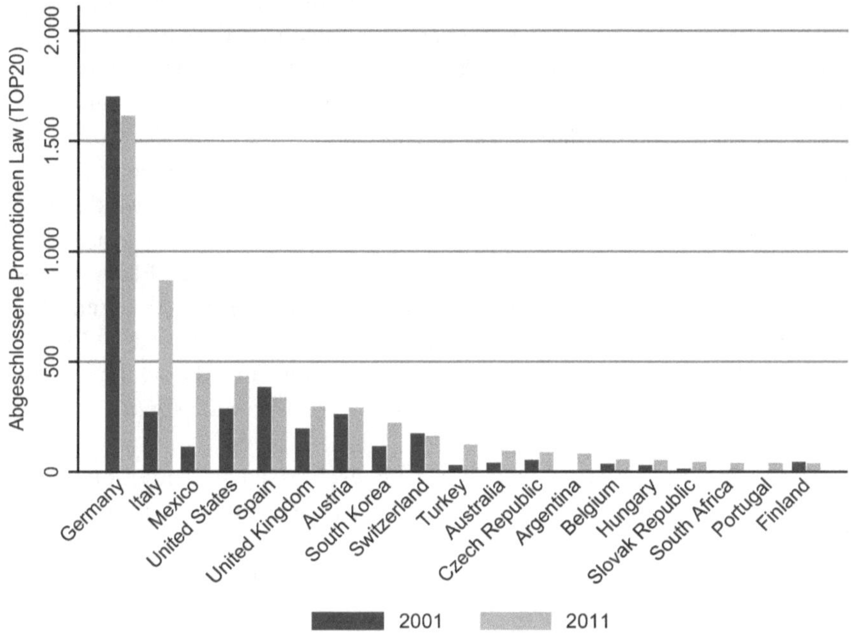


OECD Online Database 2014, Zugriff am 13.3.2014

## 2. *Übergangsquote und Promotionsintensität*

Absolute Zahlen über abgeschlossene Promotionen sagen jedoch wenig über die Üblichkeit der Promotion in einem Fach aus. Die Promotionskul-

24 Eine Ausnahme stellt die Chemie dar, wo ein Dachverband regelmäßig Informationen zu Absolventen und Promotionen bereit stellt und sich dabei auf eine Abfrage bei den Fakultäten stützt. Siehe hierzu: *Gesellschaft Deutscher Chemiker*, Chemiestudiengänge in Deutschland, in: Gesellschaft Deutscher Chemiker e. V. (Hrsg.), Frankfurt a. M. 2014, https://www.gdch.de/index.php?id=1521 (8.7.2014), S. 8.

tur eines Fachs ist jedoch entscheidend dadurch geprägt, wie viele der Promotionsberechtigten tatsächlich eine Promotion aufnehmen bzw. erfolgreich abschließen. Zur Annäherung an die Antwort auf die erste Frage kann auf die in einer kürzlich erschienenen Auswertung des DZHW-Absolventenpanels 2005 berichteten Übergangsquoten zurückgegriffen werden. Angesichts mangelnder Alternativen müssen die dort berichteten Zahlen verwendet werden, um zu erfahren, wie hoch der Anteil der fünf Jahre nach dem Studium begonnen Promotionsvorhaben eines Jahrgangs im Fächervergleich ist. Angaben dazu, wie viele der Vorhaben bereits erfolgreich abgeschlossen werden konnten oder abgebrochen wurden, sind leider nicht verfügbar, was bei der Interpretation beachtet werden sollte. Die Ergebnisse zeigen, dass in der Rechtswissenschaft rund 40 Prozent der Promotionsberechtigten des Absolventenjahrgangs 2005 eine Promotion begonnen haben. Die Rechtswissenschaft liegt damit nach der Medizin (96 Prozent) und der Fächergruppe Mathematik und Naturwissenschaften (knapp 50 Prozent) an dritter Stelle unter den angegebenen Fächern bzw. Fächergruppen.[25] Danach folgen die Ingenieur- sowie Sozialwissenschaften mit je rund 25 Prozent, die Geisteswissenschaften mit rund 20 Prozent und die Wirtschaftswissenschaften mit 16 Prozent. Für die Fächer Sozialwesen und Erziehungswissenschaften wird eine Übergangsquote von acht Prozent angegeben.

Um sich dem Anteil der erfolgreich abgeschlossenen Promotionsvorhaben anzunähern, wird häufig auf die sogenannte Promotionsintensität zurückgegriffen. Die Promotionsintensität bezeichnet den Anteil der erfolgreich abgelegten Promotionen an einer theoretischen Abschlusskohorte von Absolventen eines Fachs unter Berücksichtigung einer – auf Grund fehlender Informationen – überschlägig festgesetzten Promotionsdauer. Für die Rechtswissenschaft wird eine Promotionsdauer von fünf Jahren[26] angenommen, wobei ausdrücklich darauf hingewiesen werden muss, dass die so errechneten Zahlen nur Näherungswerte darstellen. Neben der Promotionsdauer müsste auch die Übergangsdauer zwischen promotionsberechtigendem Abschluss und dem Beginn der Promotion berücksichtigt werden, die in der Rechtswissenschaft im Fächervergleich mit durch-

25 *Jaksztat*, Bildungsherkunft und Promotionen, in: Zeitschrift für Soziologie 43 (2014), S. 293.

26 Schätzungen mit längeren oder kürzeren Promotionsdauern führen nicht zu wesentlich anderen Ergebnissen, da die Absolventenzahlen genauso wie die Zahl der abgeschlossenen Promotionen in den letzten Jahren relativ konstant geblieben ist.

schnittlich 1,5 Jahren relativ lang ausfällt.[27] Dass diese Zeit nicht noch länger ist, liegt vermutlich an den unterschiedlichen Übergängen. Während ein Teil der Juristen bereits nach dem ersten Staatsexamen promoviert, schließt ein anderer Teil zunächst Referendariat und zweites Staatsexamen an das Studium an und es kommt so zu längeren Übergangszeiten. In anderen Fächern lassen sich deutlich kürzere Übergänge finden. So beträgt die Übergangsdauer in der Chemie im Schnitt nur ein halbes Jahr[28] und das Promotionsstudium erfolgt überwiegend direkt im Anschluss an das Hochschulstudium.[29] Für die Rechtswissenschaft und andere Disziplinen fehlen jedoch genauere Informationen zu typischen Übergängen in die Promotion und die Dauer der Übergangsphasen. Es ist lediglich eine beinah historisch anmutende Untersuchung verfügbar, die andeutet, dass einige Juristen nach dem ersten Staatsexamen mit der Promotion beginnen und diese auch vor dem zweiten Staatsexamen abschließen, also vergleichsweise schnell promovieren.[30]

Betrachtet man nun die in Deutschland insgesamt sehr hohe Promotionsintensität der Rechtswissenschaft im Vergleich zu anderen Disziplinen, relativiert sich die hohe Zahl der absolut abgeschlossenen Promotionen etwas.[31] In der Rechtswissenschaft schließen zwischen zehn und 15 Prozent eines Absolventenjahrgangs des ersten Staatsexamens eine Promotion erfolgreich ab.[32] Über alle Fächer betrachtet, ist dies ein leicht überdurchschnittlicher Wert, der höher liegt als in den Wirtschaftswissenschaften mit rund 8 Prozent, jedoch weit unter den mehr als 60 Prozent in der Chemie, wo die Promotion eine Art Regelabschluss darstellt.[33]

Stellt man den Wert für die Promotionsintensität des Jahres 2011 in der Rechtswissenschaft nun der Notenverteilung in den Prüfungen zum ersten Staatsexamen fünf Jahre zuvor gegenüber, so lässt sich erkennen, ob mehr als nur die Kandidaten mit Bestnoten für Promotionen ausgewählt wurden.

---

27 *Hauss et al.*, Promovierende im Profil (Fn. 9), S. 72.

28 *Hauss et al.*, Promovierende im Profil (Fn. 9), S. 72.

29 *Gesellschaft Deutscher Chemiker*, Chemiestudiengänge in Deutschland (Fn. 24).

30 *Rüthers*, Die rechtswissenschaftlichen Habilitationen in der Bundesrepublik zwischen 1945 und 1969, in: Juristenzeitung 1972, S. 185-191.

31 *Konsortium Bundesbericht wissenschaftlicher Nachwuchs*, Bundesbericht Wissenschaftlicher Nachwuchs 2013, 1. Aufl., Bielefeld 2013; *Hauss et al.*, Promovierende im Profil (Fn. 9), S. 24.

32 *Wissenschaftsrat*, Perspektiven der Rechtswissenschaft in Deutschland (Fn. 1); *Schröder/Klopsch*, Der juristische Doktortitel (Fn. 3).

33 *Wissenschaftsrat*, Perspektiven der Rechtswissenschaft in Deutschland (Fn. 1).

Der Wert von 15 Prozent entspricht dabei ziemlich genau den zusammengefassten Anteilen für die Noten „vollbefriedigend“ bis „sehr gut“ des Jahres 2006. Allerdings muss berücksichtigt werden, dass nur 0,1 Prozent aller Kandidaten ein „sehr gut“ und weitere 5,3 Prozent ein „gut“ erreicht haben und nicht gesetzt ist, dass alle Kandidaten mit (sehr) guten Noten auch eine Promotion beginnen.[34] Darüber hinaus wirft ein Vergleich mit der oben berichteten, mehr als doppelt so hohen Übergangsquote von 40 Prozent Fragen auf: Wird die in vielen Promotionsordnungen eingeräumte Ausnahmeregelung der besonderen wissenschaftlichen Eignung des Kandidaten im Falle des Nichtvorhandenseins der Note „vollbefriedigend“ zu häufig angewandt? Ist es überhaupt sinnvoll, das exzellente Bestehen der ersten juristischen Staatsprüfung als Bedingung für die Aufnahme einer eigenständigen, wissenschaftlichen Forschungsarbeit vorzusehen oder gibt es Leistungsnachweise aus dem Studium, die besser geeignet sind? Liegt der Anteil der abgebrochenen Promotionen wirklich bei bis zu 50 Prozent, wie es der Vergleich von Übergangsquote und Promotionsintensität nahe legt? Die behelfsweise verwendeten Daten fügen sich hier nicht zu einem klaren Bild zusammen. Sie machen aber deutlich, wie notwendig ein Promotionsstatus und verlässliche Daten über Promovierende sind.

### *3. Betreuungsrelationen*

Für die Qualität der Betreuung ist die Relation zwischen der Zahl der abgeschlossenen Promotionen pro Professur und Jahr wesentlich, da die Betreuenden nicht unbegrenzt viele Promovenden intensiv betreuen können. Das Statistische Bundesamt hatte geschätzt, dass eine Hochschullehrerin bzw. ein Hochschullehrer im Schnitt sechs Promovenden betreut.[35] Die Zahl reicht dabei von 15 aktuell betreuten Promotionen je Professur in den Ingenieurwissenschaften bis zu fünf in den Sprach- und Kulturwissenschaften. Angaben für die Rechtswissenschaft sind nicht verfügbar, weshalb auf die Relation der Professuren zu den abgeschlossenen Promotionen zurückgegriffen werden soll. Diese wird für die Rechtswissenschaft

34 *Bundesamt für Justiz*, Ausbildungsstatistik. Übersicht über die Ergebnisse der Zweiten Juristischen Staatsprüfung im Jahre 2006, 6.2.2008, https://www.bundesjustizamt.de/DE/SharedDocs/Publikationen/Justizstatistik/Juristenausbildung_2006.pdf?__blob=publicationFile&v=3 (3.7.2014), S. 1.

35 *Statistisches Bundesamt*, Promovierende in Deutschland 2010, Wiesbaden 2012.

vom Wissenschaftsrat (2012) im Zeitraum zwischen 2000 und 2009 im Mittel mit 1,9 angegeben.[36] Dieser Wert liegt deutlich über dem der Germanistik, wo die Zahl der abgeschlossenen Promotionen pro Professur und Jahr im Durchschnitt 0,5 beträgt und ist vergleichbar mit der Chemie (2,0) oder der Biologie (2,0).[37]

## *V. Promotionsbedingungen*

### *1. Gründe für den Beginn der Promotion*

Im Gegensatz zu manchen Geisteswissenschaften mit unklarem Berufsbild ist die Karriere der Absolventen des rechtswissenschaftlichen Studiums vergleichsweise stark vorgezeichnet. Neben den klassischen Berufen (Anwalt, Richter, Staatsanwalt) ergibt sich eine Vielzahl weiterer Berufsperspektiven mit attraktiven Einkommen.[38] Man müsste also annehmen, dass Juristen promovieren, weil sie eine hohe intrinsische Motivation für wissenschaftliches Problemlösen mitbringen, denn ein hohes Einkommen ist auch für nicht promovierte Absolventinnen und Absolventen des zweiten juristischen Staatsexamens wahrscheinlich. Nur wenn sich die Berufschancen durch die Promotion noch einmal deutlich verbessern lassen, sollte sich auch eine hohe extrinsische Motivation bspw. mit Bezug auf bessere Bezahlung finden lassen.

Die befragten Rechtwissenschaftlerinnen und Rechtswissenschaftler belegen im Fächervergleich eine Ausnahmeposition und zwar nicht im Sinne der Erwartungen (vgl. Abbildung 2): Sie geben vergleichsweise häufig an, zur Verbesserung der späteren Berufschancen außerhalb der Wissenschaft zu promovieren (extrinsische Motivation). Das Niveau liegt dabei ungefähr so hoch wie bei den Befragten der Chemie (nicht dargestellt). Leitendes Motiv zum Promotionsbeginn ist zwar auch unter Rechtswissenschaftlern, dem eigenen Interesse an wissenschaftlicher Forschung nachzugehen, der Wert ist jedoch im Fächervergleich der geringste. Schaut man auf die weiteren Motive, so wird deutlich, dass sich wie in anderen Fächern auch eine Promotion in der Rechtswissenschaft eher nicht zufällig ergibt,

36 *Wissenschaftsrat*, Perspektiven der Rechtswissenschaft in Deutschland (Fn. 1).

37 *Statistisches Bundesamt*, Promovierende in Deutschland 2010 (Fn. 35).

38 *Fabian/Briedis*, Aufgestiegen und erfolgreich, in: HIS Forum Hochschule F2, Hannover 2009.

*Abbildung 2: Gründe für den Beginn des Promotionsvorhabens*

Frage: Wenn Sie an Ihre Entscheidung zum Start einer Promotion zurückdenken, inwieweit trafen die folgenden Gründe für diese Entscheidung zu? Quelle: ProFile Initialbefragung 2009-2012.

| | Rechtswissenschaft und andere Fächer in % | N | Traf überhaupt nicht zu | Traf eher nicht zu | Weder noch | Traf eher zu | Traf voll und ganz zu | Gesamt |
|---|---|---|---|---|---|---|---|---|
| **Kann meinem Interesse an wissenschaftlicher Forschung nachgehen** | Rechtswissenschaft | 174 | 0,6 | 6,3 | 14,4 | 35,1 | 43,7 | 100,0 |
| | Andere Fächer | 2.407 | 0,7 | 2,3 | 6,6 | 27,3 | 63,1 | 100,0 |
| | Gesamt | 2.581 | 0,7 | 2,6 | 7,2 | 27,8 | 61,8 | 100,0 |
| **Promotion ermöglicht mir eine Verbesserung meiner Berufschancen außerhalb der Wissenschaft** | Rechtswissenschaft | 174 | 4,6 | 7,5 | 11,5 | 34,5 | 42,0 | 100,0 |
| | Andere Fächer | 2.390 | 8,9 | 13,1 | 20,0 | 25,7 | 32,3 | 100,0 |
| | Gesamt | 2.564 | 8,6 | 12,7 | 19,4 | 26,3 | 33,0 | 100,0 |
| **Die Promotion ist in meinem Fach üblich** | Rechtswissenschaft | 172 | 13,4 | 34,3 | 33,1 | 16,3 | 2,9 | 100,0 |
| | Andere Fächer | 2.370 | 21,9 | 18,5 | 20,2 | 16,9 | 22,6 | 100,0 |
| | Gesamt | 2.542 | 21,3 | 19,6 | 21,0 | 16,9 | 21,2 | 100,0 |
| **Es haben sich keine beruflichen Alternativen ergeben** | Rechtswissenschaft | 168 | 79,8 | 11,3 | 4,2 | 3,6 | 1,2 | 100,0 |
| | Andere Fächer | 2.374 | 49,4 | 19,0 | 16,7 | 9,4 | 5,6 | 100,0 |
| | Gesamt | 2.542 | 51,4 | 18,5 | 15,9 | 9,0 | 5,3 | 100,0 |
| **Die Promotion hat sich zufällig ergeben** | Rechtswissenschaft | 169 | 68,0 | 11,8 | 13,0 | 4,7 | 2,4 | 100,0 |
| | Andere Fächer | 2.364 | 60,7 | 15,0 | 10,7 | 8,5 | 5,0 | 100,0 |
| | Gesamt | 2.533 | 61,2 | 14,8 | 10,9 | 8,3 | 4,9 | 100,0 |

sondern längerfristig geplant ist. Aus Mangel an beruflichen Alternativen promovieren Rechtswissenschaftler etwas seltener als die Promovenden anderer Fächer, was auf die gute Arbeitsmarktlage für nicht promovierte Juristen hindeutet. Die Promotion in der Rechtswissenschaft ist also verglichen mit einigen Kulturwissenschaften eher keine Übergangslösung, die nach dem Studium ergriffen wird, weil keine Beschäftigung gefunden werden konnte.

Die Ergebnisse der hohen extrinsischen und vergleichsweise niedrigen intrinsischen Motivation unter Promovierenden der Rechtswissenschaft sind nicht neu. Sie entsprechen denen früherer Studien.[39] Aus ihnen spricht eine gewisse Erwartungshaltung in Bezug auf die spätere Karriere. Inwieweit sind diese Erwartungen berechtigt? Berechnungen auf Grundlage des Mikrozensus zeigen, dass promovierte Juristen im Vergleich zu ihren nicht promovierten Kollegen tatsächlich höhere Einkommen erzielen können, wobei der durch den Doktortitel erlangte Einkommensbonus im Fächervergleich sogar zu den höchsten zählt.[40] Die Elitenforschung zeigt darüber hinaus: Promovierte Rechtswissenschaftler aus Elternhäusern mit Universitätsabschluss haben deutlich höhere Chancen, Elitepositionen in der Wirtschaft zu erreichen als Promovierte aus der Arbeiter- bzw. Mittelschicht.[41] Ähnliches gilt für die wissenschaftliche Karriere. Auch hier ist es für die Berufung auf eine Professur in der Rechtswissenschaft vorteilhaft, wenn die Eltern über hohe Bildungsabschlüsse verfügen.[42] Im Fächervergleich verbleiben promovierte Rechtswissenschaftler nach der Promotion jedoch eher selten an den Hochschulen oder außeruniversitären Forschungseinrichtungen und schlagen vornehmlich Berufswege außerhalb der Forschung ein.[43] Die Hoffnung der Promovierenden auf gut bezahlte Beschäftigungen scheint also nicht ganz realitätsfern zu sein und so überrascht es nicht, dass Promovierende der Rechtswissenschaft ihre beruflichen Perspektiven äußerst positiv einschätzen und in dieser Einschät-

---

39 *Berning/Falk*, Promovieren an den Universitäten in Bayern (Fn. 10), S. 37.

40 *Hauss et al.*, Promovierende im Profil (Fn. 9), S. 42.

41 *Hartmann/Kopp*, Eliteselektion durch Bildung oder Herkunft?, in: KZfSS 53 (2001), S. 436-366.

42 *Jungbauer-Gans/Gross*, Determinants of Success in University Careers, in: Zeitschrift für Soziologie 42 (2013), S. 74-92.

43 *Konsortium Bundesbericht wissenschaftlicher Nachwuchs*, Bundesbericht Wissenschaftlicher Nachwuchs 2013 (Fn. 31), S. 290.

zung nur von den Promovierenden der Mathematik und der Wirtschaftswissenschaften übertroffen werden.[44]

## *2. Einkommen und Beschäftigungsbedingungen der Promovierenden*

Bis Elitepositionen erreicht werden, müssen die Promovierenden jedoch einige Einkommenseinbußen hinnehmen. Während der Promotionsphase sind Promovierende üblicherweise auf nicht gerade üppige Stipendien oder Teilzeitstellen angewiesen, so die gängige Meinung. Berechnungen auf Grundlage von ProFile zeigen jedoch, dass Promovierende der Rechtswissenschaft zu den Spitzenverdienern unter den Promovierenden gehören. Knapp ein Drittel verfügt über mehr als 1400 € und die durchschnittlichen Bezüge werden nur von den Promovierenden der Wirtschaftswissenschaften und Informatik übertroffen. Auffällig ist auch die starke Streuung beim verfügbaren Einkommen.[45] Im Fächervergleich ist sie die höchste und bedingt durch einen bedeutsamen Anteil, der „keine Erwerbstätigkeit" angibt und dadurch, dass der Stipendiatenanteil in der Rechtswissenschaft etwas unterhalb des Fächerdurchschnitts liegt, mittlere Einkommen also selten vertreten sind.

Die Platzierung in der Höhe des verfügbaren Einkommens verdankt die Rechtswissenschaft dem Fakt, dass in keinem anderen der betrachteten Fächer mehr Personen Tätigkeiten ausüben, die keinen Bezug zu Forschung oder Lehre aufweisen als in der Rechtswissenschaft (sog. externe Promovierende). Diese im Fächervergleich herausragende Verteilung der verschiedenen Finanzierungsformen mit dem hohen Anteil externer Promovierender zieht sich wie ein roter Faden durch die bisherigen Studien, die auf entsprechende Daten zurückgreifen können.[46] Das mittlere Einkommen der extern Beschäftigten ist dabei im Schnitt doppelt so hoch wie das der Beschäftigten an einer Hochschule.[47] Die externen Beschäftigungen sind überwiegend Vollzeitstellen und erklären einen Teil der Einkommenshöhe. Interessanterweise promovieren Rechtswissenschaftlerinnen

---

44 *Hauss et al.*, Promovierende im Profil (Fn. 9), S. 152.

45 *Hauss et al.*, Promovierende im Profil (Fn. 9), S. 125.

46 *Berning/Falk*, Promovieren an den Universitäten in Bayern (Fn. 10), S. 37; *Senger/ Vollmer*, International promovieren in Deutschland (Fn. 11).

47 *Hauss et al.*, Promovierende im Profil (Fn. 9), S. 125 f.

nur halb so oft extern wie ihre männlichen Mitstreiter,[48] was die Geschlechterunterschiede beim Einkommen erklärt, jedoch die Frage nach den Ursachen der offenbar geschlechtsspezifischen Promotionswege in der Rechtswissenschaft aufwirft, die weiterer Untersuchungen bedarf.

Wie eingangs erwähnt, sehen sich insbesondere die Promovierenden mit externer Beschäftigung starker Kritik ausgesetzt. *Schröder* und *Klopsch* weisen jedoch darauf hin, dass externe Promotionen nützlich sein können, weil bestimmte Rechtsgebiete Praxiskenntnisse voraussetzen, daher die Rechtswissenschaft befruchten können und so einen Beitrag dazu leisten, die Lebensfremdheit der Disziplin zu überwinden.[49] Diese Sichtweise einer lebensfremden Rechtswissenschaft steht jedoch im Gegensatz zu den immer wieder in der Presse zu lesenden Verlautbarungen, im rechtswissenschaftlichen Studium würde die Vermittlung wissenschaftlicher Kenntnisse zu kurz kommen.[50]

## *V. Fazit*

Die präsentierte Datenlage mag insbesondere die Kritiker der Bedingungen des rechtswissenschaftlichen Promovierens bestätigen. Dabei zeichnen die Daten ein vielfältiges Bild. Die wesentliche Frage, die nach der Qualität der in Deutschland verfassten Dissertationen in der Rechtswissenschaft, vermögen sie jedoch nicht zu beantworten, da entsprechende Daten noch fehlen. Es sind aber auch einige Fragen aufgeworfen worden, nicht nur solche nach Zahlen über Promovierende und Promotionsabbrüche, sondern bspw. auch die Fragen nach den geschlechtsspezifischen Promotionswegen in der Rechtswissenschaft. Es sollen noch einige dazu kommen: Bei aller, zum Teil auch gerechtfertigter Kritik an Statuspromotionen: Wo ist belegt, dass nicht auch eine extrinsische Motivation zu einer exzellenten Promotion führen kann? In jedem Fall ist ein transparenter Umgang mit Qualitätskriterien, auch solchen für faktische Professionsdoktorate, geboten. Eine Voraussetzung hierfür ist jedoch ein Austausch darüber, was gute Qualität von Promotionen abseits der Forderung nach einem eigenständigen, nicht unerheblichen Beitrag zur Forschung bedeutet und wie

---

48 *Hauss et al.*, Promovierende im Profil (Fn. 9), S. 126.
49 *Schröder/Klopsch*, Der juristische Doktortitel (Fn. 3), S. 37.
50 *Wissenschaftsrat*, Perspektiven der Rechtswissenschaft in Deutschland (Fn. 1).

solche Promotionen ermöglicht werden können. Für die erste Frage empfehle ich den Beitrag von *Stephan Rixen* in diesem Band.

# Konzeptionen der Rechtswissenschaft und Methodologische Bildung

*Mark Van Hoecke*

Die Rechtswissenschaft hat sich seit vielen Jahrhunderten überwiegend als Rechtsdogmatik entwickelt. Zu dieser Form der Rechtswissenschaft gehört eine heuristische Methodologie (das Entdecken aller relevanten Rechtsquellen) und eine hermeneutische Methodologie (Auslegung von Gesetzen und anderen Texten). Zweck ist meistens die Realisierung oder Erhaltung der Kohärenz des Rechtssystems und/oder die Anpassung des Rechts an die gesellschaftliche Realität. In beiden Fällen wird die Auslegung als Mittel benutzt. Allerdings gibt es keine richtige Methodologie bezüglich der Frage, wie man am besten die Kohärenz erreicht oder die Anpassung an die soziale Wirklichkeit zustande bringt. Wie man die gesellschaftliche Realität erkennen kann, wird meistens nicht in Frage gestellt. Rechtssoziologische Forschung ist selten Teil einer rechtsdogmatischen Arbeit. Die eigene Wahrnehmung wird allzu leicht zur objektiven Realität erklärt. Viele Rechtswissenschaftler empfinden das nicht als Problem: Rechtssoziologie ist nicht ihr Fach. Sie sind Rechtsdogmatiker und Rechtsdogmatik wird als Beschreibung und Systematisierung des geltenden Rechts verstanden.

Heute ist die Rechtswissenschaft aber zum Teil in einer Krise. Rechtsdogmatik im klassischen Sinne kann problemlos überleben, insbesondere weil dies für die Rechtspraxis notwendig ist. Eine Rechts*wissenschaft* aber, die sich darauf beschränkt, steht etwa seit dem 19. Jahrhundert unter Druck und heute sogar noch mehr. Die Konzeption der Rechtswissenschaft ändert sich. Und damit auch die Methodologie. Für das, was heute von Doktorarbeiten erwartet wird, fehlt die methodologische Bildung der Doktorand(inn)en sowie eine herausgearbeitete und weit akzeptierte Methodologie überhaupt.

## *I. Die traditionelle Konzeption der Rechtswissenschaft*

Von der römischen Zeit bis zum Ende des Mittelalters (und teilweise später) war die Rechtswissenschaft auf Rechtsdogmatik beschränkt und eher auf die Lösung von praktischen Fällen als auf Systembildung ausgerichtet. Überdies war nicht nur die Rechtsdogmatik, sondern die Wissenschaft im Allgemeinen nicht an einer empirischen Prüfung orientiert. Die Richtigkeit einer Aussage wurde von der Autorität der Quellen determiniert. In der Rechtswissenschaft (und in der Theologie) hat diese Konzeption von Wissenschaft bis heute überlebt.

Ab dem 18. und 19. Jahrhundert richtete sich die Rechtswissenschaft immer mehr auf die Systembildung. Das Interesse an der Kohärenz des gesamten Rechts rückte in den Vordergrund. Jahrhundertelang war *bottom-up* räsoniert und in diesem Wege langsam ein System (des Zivilrechts) konstruiert worden. Ab dem 19. Jahrhundert, in Frankreich nach der Einführung der *Code civil* in 1804, und in Deutschland besonders nach der Einführung des BGB im Jahr 1900, konnten praktische Fälle mit einer *top-down* Argumentation gelöst werden. Damit konnten sich auch Konzeptionen der Rechtswissenschaft entwickeln, die an das Recht als ein geschlossenes System, wie eine Mathematik, herangehen (zum Beispiel die Begriffsjurisprudenz). Dies hat die Konzeption der Rechtswissenschaft im 20. Jahrhundert beeinflusst. Rechtsdogmatik wurde isoliert von den anderen Wissenschaften weiter mit den vertrauten heuristischen und hermeneutischen Methoden betrieben.

## *II. Wandelnde Konzeptionen der Rechtswissenschaft*

Bis zum 17. Jahrhundert war die Rechtswissenschaft die Modellwissenschaft. In der modernen Zeit aber änderten sich die Verhältnisse. Besonders ab dem 18. Jahrhundert waren die Disziplinen, die heute als „exakte Wissenschaften" bekannt sind, wegen der benutzten empirischen Methoden sehr erfolgreich. Das Ergebnis davon war die technologische Revolution im 19. Jahrhundert, die die Position dieser Wissenschaften bedeutend stärkte. Nicht die Rechtsdogmatik, sondern die Physik war fortan die Modellwissenschaft. Sie ist es bis heute geblieben. Dies ist von entscheidender Bedeutung für die heutige Diskussion.

Schon im 19. Jahrhundert hat diese Wandlung in der Hierarchie der Wissenschaften zu einer Krise der Rechtsdogmatik geführt. Manche behaupteten, dass die Rechtsdogmatik keine richtige Wissenschaft sei, weil sie außerhalb des geltenden Rechts keine gültigen Aussagen machen könne („Drei berichtigende Wörter des Gesetzgebers und ganze Bibliotheken werden zu Makulatur").[1] Andere versuchten, die Methoden der empirischen Wissenschaft anzuwenden, um eine richtige Rechtswissenschaft zu entwickeln. Hier trafen sich Rechtsanthropologen, Rechtsvergleicher, Rechtshistoriker in dem Versuch, eine Art *empirisches Naturrecht* zu konstruieren. Man beabsichtigte herauszufinden, was die Rechtssysteme in der Welt und in der Zeit gemein haben (z. B. *Hermann Posts* Ethnologischer Jurisprudenz[2]) und mit diesem empirischen Material eine neue Art von universeller Rechtswissenschaft herauszuarbeiten. Wegen des unrealistischen Charakters dieses Programms – teilweise auch wegen des Ersten Weltkriegs – hatte dieses Streben wenig Erfolg. Es hat aber, zum ersten Mal, Empirie als zentrale Methode in der Rechtswissenschaft vorgeschlagen. In der Praxis haben die meisten Rechtsdogmatiker sich aber nicht um den Wissenschaftscharakter der Rechtswissenschaft gekümmert und Rechtsdogmatik weiter betrieben wie bisher.

Besonders in der zweiten Hälfte des 20. Jahrhunderts haben verschiedene Entwicklungen die traditionelle Rechtsdogmatik beeinflusst. Die Rechtsprechung hat die Regeln des kodifizierten Rechts fortentwickelt und sogar geändert und damit teilweise das System des (Zivil-)Rechts erschüttert. Auch die Europäisierung trug hierzu bekanntlich erheblich bei. Rechtsvergleichung wurde allgemein als neue Methode für die Rechtsdogmatik begrüßt. Zum ersten Mal gab es die Möglichkeit, die nationalen Rechtssysteme zu überwinden und damit einen kleinen Schritt in Richtung einer universellen Wissenschaft zu machen. Auch die Versuche zur Harmonisierung des Rechts in Europa brauchten eine andere Methode als die traditionelle Rechtsdogmatik. Die Rechtsvergleichung war die Alternative. Dass die Rechtsvergleicher bisher keine richtige Methode herausgearbeitet hatten, hat die meisten Rechtswissenschaftler offenbar nicht gehindert.

1 *Von Kirchmann*, Die Werthlosigkeit der Jurisprudenz als Wissenschaft, Berlin 1848.

2 *Post*, Der Ursprung des Rechts: Prolegomena zu einer Allgemeinen vergleichenden Rechtswissenschaft, Berndt & Schwarzer, Oldenburg 1876; *ders.*, Die Grundlagen des Rechts und die Grundzüge seiner Entwickelungsgeschichte: Leitgedanken für den Aufbau einer allgemeinen Rechtswissenschaft auf sociologischer Basis, Oldenburg 1884; *ders.*, Einleitung in das Studium der ethnologischen Jurisprudenz, Schwartz, Oldenburg 1886.

Zumindest aber hat das Bedürfnis nach Rechtsvergleichung die Rechtsdogmatiker auf die Beschränkungen ihrer Methodologie aufmerksam gemacht.

Gesellschaftliche und technologische Entwicklungen haben neue Probleme, Themen und Teilgebiete des Rechts kreiert, die grenzüberschreitend sind: Umweltrecht, Immigration, Internetkriminalität usw. Auch die Entwicklung von soft law erschüttert die Systematik des klassischen Rechts. Mit den klassischen rechtsdogmatischen Methoden kommt man hier offenbar nicht aus. International gibt es auch kein kohärentes Modell für Rechtswissenschaft, Rechtsdogmatik oder eine Rechtsmethodologie.

Im 21. Jahrhundert haben die exakten Wissenschaften auf einem anderen Wege die Rechtswissenschaft entscheidend beeinflusst. In manchen Fällen befinden sich Rechtswissenschaftler im Wettbewerb mit Wissenschaftlern aus anderen Disziplinen um finanzielle Unterstützung für Forschungsprojekte. Wo die Juristen zuvor gewohnt waren, einfach ein Thema vorzuschlagen (z.B. „Das neue Mietrecht“ oder im besten Fall „Der Einfluss des europäischen Rechts auf das nationale Verbraucherrecht“), wurde jetzt gefragt, „Was ist Ihre Forschungsfrage?“ und „Welche Methoden werden Sie benutzen?“. Für manche Rechtsdogmatiker war/ist das eine Katastrophe, weil sie überhaupt keine Ahnung haben, was man dazu sagen könnte. Manchmal antworten diese Rechtsdogmatiker – ganz glücklich, dass sie doch etwas gefunden haben – „die rechtsvergleichende Methode“, ohne weitere Auseinandersetzung. Die Wissenschaftler aus anderen Disziplinen, die diese Anträge beurteilen müssen, lächeln in der Regel darüber und lehnen solche Anträge für Forschungsprojekte alsbald ab.

Auch in Deutschland hat diese Entwicklung die rechtswissenschaftliche Forschung deutlich verändert, wie der Wissenschaftsrat 2012 festgestellt hat: „Auch wenn die Außenwahrnehmung der Rechtswissenschaft nicht in erster Linie durch ihre Forschungsleistungen bestimmt wird, hat sich deren Stellenwert in den letzen Jahren deutlich verändert. Zu den Gründen gehören wissenschaftspolitische Entwicklungen, wie die zunehmend wettbewerblich organisierte Mittelvergabe im Wissenschaftssystem, die Differenzierung des Hochschulsystems[3] und eine größere Autonomie der Hochschulen, die mit der Aufgabe einer strategischen Neupositionierung ver-

3 Diese Differenzierung ist eher typisch für Deutschland. Vergleichbar ist jedoch die Lage der englischen Universitäten und Fachhochschulen (*Polytechnics)*, die in den neunziger Jahren den Status von Universitäten bekommen haben und die jetzt mit den “alten Universitäten“ um die fast nicht gestiegenen Forschungsmittel streiten.

bunden ist. Dadurch rücken Forschungsleistungen und -schwerpunktsetzungen der einzelnen Fächer und Disziplinen in neuer Weise in den Blick."[4] Mittlerweile haben die Rechtsdogmatiker entdeckt, dass sie, wenn sie Sozialwissenschaften in ein rechtsdogmatisches Forschungsprojekt integrieren, doch eine Chance auf Erfolg haben. Damit können sie die „Sprache" der empirischen Wissenschaften sprechen und den wissenschaftlichen Status ihres Projekts bedeutend erhöhen. Heute ist besonders Law & Economics populär, aber vor allem in den Vereinigten Staaten auch *Empirical Legal Studies* (eine Methode ohne deutlichen theoretischen Rahmen). Auch in Europa ist diese Entwicklung erkennbar. In Großbritannien und in den Niederlanden gibt es schon verschiedene Lehrstühle für *Empirical Legal Studies.* In Rotterdam werden seit Januar 2014 sogar *Empirical Legal Studies* im öffentlichen Recht angeboten, und vorher schon *Empirical Legal Studies* im Privatrecht.

All dies hat zu einem erhöhten Bedürfnis nach neuen Methoden in der juristischen Forschung geführt – besonders bei Doktorarbeiten. Leider sind heute die meisten Doktorand(inn)en dafür nicht ausgebildet, die Doktorväter/mütter sogar noch weniger. Problematisch ist auch, dass es kein Gesamtbild der Rechtswissenschaft und ihrer Methoden gibt. Man versucht einfach im Rahmen einer rechtsdogmatischen Doktorarbeit etwas Empirisches zu machen, oft eher als Verzierung und weniger als Methode. Ein theoretischer Rahmen fehlt. Ausnahme sind die Juristen, die auch eine andere, meistens sozialwissenschaftliche Ausbildung genossen haben und dann zum Beispiel eine rechtsökonomische Methode im Rahmen der ökonomischen Theorien anwenden können.

Sogar der deutsche Wissenschaftsrat hat 2012 den wandelnden Kontext des Rechts und das Bedürfnis nach Grundlagen, Interdisziplinarität und Ethik betont, aber dennoch die Rechtswissenschaft als Rechtsdogmatik im klassischen Sinne definiert: „Die Rechtswissenschaft betreibt die systematische, kritisch reflektierte und methodische Auseinandersetzung mit Recht. [...] Die deutsche Rechtswissenschaft charakterisiert es in besonderer Weise, das gesamte Recht umfassend begrifflich-systematisch zu bearbeiten."[5]

---

4 *Wissenschaftsrat,* Perspektiven der Rechtswissenschaft in Deutschland, Hamburg 9.11.2012, S. 13.

5 *Wissenschaftsrat,* Perspektiven der Rechtswissenschaft in Deutschland (Fn. 4), S. 25. Die Zitate im folgenden Absatz entstammen diesem Dokument.

Unklar bleibt aber, wie der Rechtswissenschaftler „angemessene rechtliche Lösungen für neue Probleme zu entwickeln“ (S. 27) hat, wie er *richtiges* Recht von *geltendem* Recht (S. 27) unterscheiden kann, wie er das „Methodenrepertoire der entsprechenden Bezugswissenschaften“[6] (S. 29) in die Rechtsdogmatik oder in eine erneuerte Rechtswissenschaft integrieren könnte, wie man die interdisziplinären Bezüge, auf die die Rechtswissenschaft nicht verzichten kann (S. 29), in der Praxis ausarbeiten kann, oder wie man feststellen könnte, welche die „rechtsprinzipielle[n] und dogmatische[n] Erkenntnisse mit dauerhaftem Geltungsanspruch“ beziehungsweise die „unhintergehbare[n] Prinzipien“ (S. 29) sind (oder: wie man ein Naturrecht in die Rechts*wissenschaft* integrieren könnte).

Ein Vorteil dieses methodologischen Chaos könnte sein, dass man langsam *bottom up* zu einer weit akzeptierten neuen Konzeption von Rechtsdogmatik/Rechtswissenschaft und zu einer damit verbundenen ausgearbeiteten Methodologie kommen könnte. Mittlerweile aber stellt sich die Frage: welche methodologische Bildung brauchen unsere Doktorand(inn)en und wie können wir das anbieten?

## *III. Wandelnde Funktion der Doktorarbeit*

Die Habilitation gibt es nur in sehr wenigen Ländern in der Welt. Meistens habilitiert die Doktorarbeit für die Professur. In der angelsächsischen Tradition braucht man traditionell gar keinen Doktorgrad für eine vollständige akademische Karriere und für eine Professur in der Rechtsfakultät sogar kein Jurastudium. Das ändert sich aber, und die Doktorarbeit wird immer wichtiger in den angelsächsischen Ländern.

In Belgien bekamen die Absolventen des Jurastudiums bis 1971 den Doktorgrad ohne Doktorarbeit, so wie damals auch in Österreich. Danach gab es noch die Möglichkeit zur Habilitation, die in Belgien aber keine notwendige Voraussetzung für die Professur war. Ab 1972 wurde die Habilitation durch die Doktorarbeit ersetzt, die jetzt eine notwendige Bedingung für die Professur ist.

---

6 Wobei Disziplinen wie Rechtsphilosophie, Rechtstheorie, Rechtsgeschichte, Rechtssoziologie und Rechtspsychologie kurz, aber sehr diskutierbar, definiert werden (S. 30-31). Die ökonomische Theorie des Rechts, heute sehr erfolgreich, wird nicht erwähnt.

Mit der Einführung der Bachelor-Master-Struktur der universitären (juristischen) Ausbildung in ganz Europa (aber noch nicht vollständig in Deutschland) wurde meistens den Studenten das Schreiben einer Master-Arbeit auferlegt. Der Umfang dieses Papers (60 bis 100 Seiten, je nach Universität) ist nicht weit entfernt vom Umfang der früheren Doktorarbeiten in Deutschland oder in den Niederlanden. Damit wird die Master-Arbeit die erste Schrift für den späteren Forscher. Dennoch muss auch der spätere Praktiker solch eine wissenschaftliche Forschung innerhalb des Studiums durchführen, fast vergleichbar mit den „kleinen“ Doktorarbeiten in einigen europäischen Ländern. Für die Forscher kommt danach die substantiellere[7] Doktorarbeit, die fast überall für die Professur genügt. In dieser Struktur ist eine Habilitation, als dritte Schrift, zu viel.

Die typische Form der Doktorarbeit ist die Monographie. Für viele Doktoren ist dies das einzige Buch, das sie in ihrem Leben veröffentlichen. Seit kurzem gibt es jedenfalls in Flandern auch die Möglichkeit mit einer Reihe von Artikeln[8] den Doktorgrad zu erwerben. Anlass dafür war die Erkenntnis, dass es produktive Wissenschaftler gibt, die meistens außerhalb der akademischen Institutionen tätig sind und viele gute Aufsätze geschrieben, aber keine Doktorarbeit angefertigt haben. Die Doktorarbeit

---

7 Aber auch nicht zu substantiell. An der Genter Rechtsfakultät gilt ein empfohlenes (noch nicht verpflichtendes) Maximum von 350 Seiten für die Doktorarbeit. An der City University London ist die Norm für eine Doktorarbeit 100.000 Wörter, für ein Master Paper etwa 50.000 Wörter, z.B. http://www.city.ac.uk/courses/postgraduate/m.jur-in-international-commercial-law#course-detail=1 (9.6.2014). Beim ‚Master of Studies in Legal Research‘ an der Universität Oxford ist die Norm 30.000 Wörter, http://www.law.ox.ac.uk/postgraduate/mphil.php (9.6.2014), für eine Doktorarbeit zwischen 75.000 und 100.000 Wörtern, http://www.law.ox.ac.uk/postgraduate/dphil.php (9.6.2014).

8 An der Genter Rechtsfakultät wenigstens drei und höchstens fünf Artikel. Die City University London setzt nur eine Reihe von Veröffentlichungen voraus, die einen originellen und bedeutenden Beitrag zu wissenschaftlichen Kenntnissen darstellen: „The University may also award the degree of PhD in an approved research degree title to candidates who have an existing body of publications which make an original and significant contribution to knowledge. The PhD by prior publication is open to holders of a degree from an approved university who are able to submit evidence of a body of published work of a suitable type and quality and who have the nomination of a member of City's professorial staff with whom they share a research interest. Please note that not all Schools will accept applications for PhD by prior publication - potential candidates should make enquiries with the relevant School before applying.“, vgl. http://www.city.ac.uk/citygraduateschool/research-degrees/types-of-research-degree (9.6.2014).

aus Artikeln macht es möglich, eine Zahl von schon veröffentlichten Aufsätzen in eine Doktorarbeit umzuwandeln. Es sollte freilich um inhaltlich kohärente Artikel gehen, die dann zu einen Buch umgeschrieben werden, mit einer Einleitung, einer Schlussfolgerung und mit den notwendigen Übergängen zwischen den Artikeln. In der Praxis wird diese Form der Doktorarbeit öfter von jungen Forschern gewählt, die die Veröffentlichung einer Reihe von Aufsätzen von Anfang an planen. Am Ende werden diese Artikel verbunden, und es wird eine Einleitung und Schlussfolgerung hinzugefügt. Strategisch ist dieser Weg attraktiv, weil die Artikel separat als Veröffentlichung zählen und das Gesamte noch einmal als Doktorarbeit. In qualitativer Hinsicht aber droht es zu einer Art zweitrangiger Doktorarbeit zu führen – also vielmehr eine kleine Doktorarbeit als ein Äquivalent der Habilitationsschrift.

Die externe Finanzierung von größeren, teilweise interdisziplinären Projekten führt zudem dazu, dass verschiedene Doktorand(inn)en gleichzeitig an demselben Thema arbeiten. Das führt zu Teamarbeit. In der Rechtswissenschaft ist das jedenfalls für Doktorarbeiten eine neue Entwicklung.

Mit der substantiellen Steigerung der Zahl von Doktorarbeiten wird das Doktorat nicht mehr nur eine Etappe in einer *akademischen* Laufbahn. In Deutschland war ein Doktorgrad schon immer behilflich bei einer Karriere außerhalb der Universitäten. In den anderen Ländern war das eher selten der Fall, aber heute beeinflusst die Zahl von Doktoren das Profil des gewünschten Kandidaten bei bestimmten offenen Stellen.

## *IV. Methodologische Ausbildung der Doktorand(inn)en*

Eine (methodologische) Ausbildung junger Forscher gibt es schon seit Jahrzehnten gelegentlich und informell, meistens in (interuniversitären) Seminaren für Doktorand(inn)en. Auch *PhD days* sind in der jüngsten Vergangenheit erfolgreich gewesen. Heute wird das alles strukturierter organisiert: im Studium, in *Research Masters* und in *Doctoral Schools*.

### *1. Methodologische Ausbildung im Jurastudium*

Ganz neu ist, dass man in den flämischen und niederländischen Universitäten mehr Methodologie im grundständigen Jurastudium integriert. Damit wird das Jurastudium forschungsorientierter und nicht nur rein praxisorientiert wie es bisher der Fall war. Wie schon gesagt, hat man Lehrstühle für empirische juristische Forschung kreiert. An der Universität Gent wird seit 2014 im Bachelor des Jurastudiums das Pflichtfach „Sozialwissenschaftliche Methoden“ angeboten. Auch innerhalb der klassischen Methodenlehre, die rein hermeneutisch orientiert war, werden zunehmend andere Methoden integriert: empirische Methoden, Forschungsmethoden der Sozialwissenschaften und Methodologie der Rechtsvergleichung.

Im Masterstudium müssen alle Studenten ein *Master Paper* von etwa 100 Seiten schreiben, eine Art Mini-Doktorarbeit. Auch das ist neu. Vorher schrieben die Studenten viele kleinere Papers von etwa 10 Seiten, meistens bezogen auf einen konkreten Fall oder eine Rechtsfrage. Im heutigen *Master Paper* müssen die Student(inn)en auch Forschungsfragen formulieren, die verwendete Methodologie deutlich machen und in fast allen Fällen empirisches Material sammeln und methodologisch verarbeiten oder Rechtsvergleichung auf eine methodisch gesicherte Art und Weise in ihrer Forschung heranziehen. Deswegen brauchen jetzt alle Student(inn)en eine breitere methodologische Ausbildung im Jurastudium und nicht nur die wenigen künftigen Akademiker(innen) innerhalb dieser Gruppe von Student(inn)en.

## 2. *Methodologische Ausbildung in Research Masters*

Genau wegen des Mangels an methodologischer Bildung im klassischen Jurastudium hat man besonders in Großbritannien und in den Niederlanden angefangen mit der Organisation von *Research Masters*, die in erster Linie zur Vorbereitung auf eine Doktorarbeit dienen. In der Praxis beabsichtigen nicht alle Student(inn)en, eine akademische Karriere einzuschlagen. Manchmal sehen sie es als eine Art *Honours* Programm, womit sie leichter zu den größeren Anwaltskanzleien Zugang haben werden. Aus kommerziellen Gründen machen die meisten *Research Master*-Programme auch Werbung, in der man das Programm nicht nur für eine akademische Laufbahn, sondern auch für eine Karriere in der juristischen Praxis empfiehlt.[9] Damit geht man aber das Risiko ein, die Methodologie auf das

9 Z. B.: „This Master's programme not only prepares you for a legal career as a practitioner in the commercial, public service or academic sector, it also offers an excellent foundation for further studies at PhD level.“ Utrecht research master: http://

zu verengen, was gemeinsam für Forschung und Praxis wichtig zu sein scheint.[10]

Öfter bieten solche *Research Masters* eine Kombination von Forschungskompetenzen und der Vertiefung der Kenntnisse in einer Reihe von juristischen Fächern. Dabei ist nicht immer eine Orientierung auf eine breite Methodologie garantiert, schon deswegen weil Spezialisten in einem juristischen Fachgebiet selten auch Spezialisten in empirischer, sozialwissenschaftlicher oder rechtsvergleichender Methodologie sind. Die breiteren methodologischen Fächer sind oft auch nur Wahlfächer.[11]

Wenn fast jede Universität versucht, einen *Research Master* zu organisieren, wird es aber in den meisten Fällen unmöglich sein, eine ausreichende Qualität sicherzustellen.

Das Tilburg-Leuven Programm bietet vermutlich die breiteste methodologische Bildung: „Talented young researchers are given the tools to conduct methodically sound legal research within a wide range of different legal fields. Particular attention is given to the fields of comparative law, judicial lawmaking, the principles of law, and the interdisciplinary study of law."[12]

---

www.uu.nl/university/masters/NL/legalresearch/Pages/default.aspx (9.6.2014); „The award of MA by Research is clear evidence to employers, whether academic or professional, of your ability to conduct independent research to produce original material within a prescribed timescale. It is also an appropriate route to a PhD" Exeter MA by Research in Law: http://www.socialsciences.exeter.ac.uk/law/postgraduate/research/mabyresearchinlaw/ (9.6.2014).

10 „For legal practitioners and academics alike, legal research skills have become increasingly important. Accordingly law firms have a growing need for thorough, well trained lawyers with excellent writing skills and a research-oriented mindset." Utrecht research master: http://www.uu.nl/university/masters/NL/legal-research/Pages/default.aspx (9.6.2014).

11 Im neuen LL.M. Legal Research an der Middlesex University London (seit September 2014) wählen die Studenten vier Fächer aus zwölf (außerhalb der Dissertation). Acht davon sind ‚law courses' und vier sind ‚research modules'. Nur ‚Legal Research Skills' ist obligatorisch. ‚Methodology and Research Design', ‚Qualitative Research Methods' und ‚Statistical Data Analysis' sind Wahlfächer, http://www.mdx.ac.uk/courses/postgraduate/law/llm_legal_research.aspx (9.6.2014). Besonders ‚Research Design' ist sehr wichtig bei jeder Forschung. Wenn das kein Pflichtfach ist, wird der Name des Programms ‚LL.M. Legal Research' problematisch.

12 http://www.tilburguniversity.edu/education/masters-programmes/remalaw/programme/ (9.6.2014).

Die meisten *Research Masters* sind Teil eines PhD-Programms an derselben Universität, in dem die Doktorand(inn)en schon ein Thema und einen Doktorvater wählen sollten.[13] Im Tilburg-Leuven Programm aber bereitet man die künftigen Forscher auf die Erstellung eines Doktorarbeitvorschlags vor, mit dem man sich dann überall bewerben kann. *Research Design* ist damit, mit Recht, der wichtigste Fokus in diesem *Research Master.*

Auch zu erwähnen sind spezialisierte *Advanced Masters* (LL.M.), die richtige *Research Masters* sind, obwohl sie sich nicht solchermaßen präsentieren: zum Beispiel das Erasmus Mundus LL.M. *Law & Economics* (Hamburg, Gent und andere europäische Universitäten), der *Master in Legal Theory*, vorher in Brüssel organisiert, seit 2014 in Frankfurt (in Zusammenarbeit mit verschiedenen anderen europäischen Universitäten) und der (internationale) *Master in Legal Sociology* in Oñati (Spanien). Wegen des Themas sind solche Programme grundsätzlich meta-juristisch und international (nicht exklusiv mit einem bestimmten Rechtssystem verknüpft). Die Beachtung einer (sozial)wissenschaftlichen Methodologie steht dabei auch im Vordergrund. Diese *Advanced Masters* bieten den rechtsdogmatischen Forschern sowohl einen methodologischen als auch einen theoretischen Rahmen, mit dem sie die engen Grenzen der traditionellen Rechtsdogmatik überschreiten können.

### *3. Methodologische Ausbildung in Doctoral Schools*

Seit etwa zehn Jahren, und besonders seit 2007, wurden überall in Europa Doctoral Schools gegründet. Ziel ist es, die Doktorand(inn)en mit der Ausbildung, die sie bei der Doktorarbeit brauchen, zu unterstützen und zunehmend auch eine Ausbildung für eine Karriere außerhalb der akademi-

13 So liest man z.B. auf der Website des Queen Mary College, London, bzgl. PhD research: „Research training is offered through a series of seminars at which PhD students are required to present their work, and through a formal research methods training course run at the Institute of Advanced Legal Studies. Participation in these courses is a compulsory part of the first year of research. Additional courses are provided by the college on different aspects of the PhD research process.“, http://www.law.qmul.ac.uk/postgraduate/phd/ (9.6.2014).

schen Welt bereitzustellen.[14] Auch die Ausbildung der Betreuer(innen) wird organisiert: Wie betreut man am besten eine Doktorarbeit? Wie kann man Probleme lösen? Wie oft sollten Doktorand(inn)en und Betreuer(innen) einander begegnen?

All dies zeigt, dass jetzt neben den Entwicklungen in der Rechtswissenschaft auch noch bestimmte Bedürfnisse bezüglich der Doktorarbeit im Allgemeinen anerkannt werden. Vorher gab es eine Art natürlichen Vorgang, in dem die Doktorand(inn)en selbständig und ohne viel Betreuung arbeiteten und die meisten – an den flämischen Rechtsfakultäten etwa 75% – niemals den Doktorgrad bekamen.[15]

In verschiedenen Ländern gilt die Zahl von vollendeten Doktoraten mit als Berechnungsbasis für die Finanzierung der Universitäten. Das heißt, dass jetzt nicht nur die Doktorand(inn)en ein Interesse daran haben, ihre Doktorarbeiten zu vollenden, sondern auch die Universität, die Fakultät und die Betreuer(innen). Auch in den internen finanziellen Verteilungsschlüsseln wird das mit aufgenommen. Bei *tenure track*-Professuren wird überdies eine bestimmte Minimumzahl von erfolgreich verteidigten Doktoraten innerhalb der nächsten fünf Jahre vertraglich festgelegt. Besonders die jüngeren Professoren interessieren sich deshalb jetzt viel mehr für *Research Design* und Forschungsmethodologie, empirische Forschungsmethodologie inbegriffen.

Doctoral Schools sind unterschiedlich organisiert. Zuweilen gibt es eine Doctoral School für die ganze Universität,[16] manchmal drei (eine für die exakten Wissenschaften, eine für Life Sciences & Medicine und eine für die Human- und Sozialwissenschaften),[17] in Gent fünf (darunter eine für *Arts, Humanities & Law* und eine für *Social Sciences*). Im französischsprachigen Teil Belgiens gibt es Doctoral Schools mehr oder weniger pro Disziplin, aber jedesmal eine für alle Universitäten zusammen. Auch in Frankreich sind die Doctoral Schools in dieser Weise pro Disziplin und re-

---

14 Heute haben nur etwa 10% der Doktorand(inn)en eine Zukunft in den Universitäten und Forschungsinstituten. Deswegen werden z.B. Kurse für ‚*career management*' organisiert.

15 Zwischen etwa 1990 und 2010. Beschränkte Motivation für die Forschung und (finanziell) attraktive Angebote in der Rechtspraxis sind die Hauptgründe für diese geringe Zahl an erfolgreichen Doktorand(inn)en. Ein Mangel an Betreuung und Forschungskultur sind andere wichtige Gründe.

16 Wie z.B. in Antwerpen.

17 Wie in Leuven und Brüssel (Vrije Universiteit). Dieses Modell ist auch in anderen Ländern das üblichste.

gional für eine Gruppe von Universitäten strukturiert. Wegen der großen Zahl ausländischer Studenten ist die offizielle Sprache der Doctoral Schools (in Flandern und in den Niederlanden) Englisch.

Innerhalb der *Doctoral School Arts, Humanities & Law* in Gent wurden bisher für die Rechtsfakultät (die auch Kriminologie beinhaltet) die folgenden Initiativen aufgenommen: Bevor ein *Forschungsplan* von der Rechtsfakultät angenommen werden kann (und der/die Student(in) sich als Doktorand(in) an der Universität einschreiben kann), wird der Plan auf Research Design und Methodologie überprüft und, wenn ratsam, das Projekt solange mit dem Kandidaten überarbeitet, bis ein akzeptabler Forschungsplan vorliegt.

Jährlich wird eine eintägige *Master Class* organisiert, bei der Doktorand(inn)en ihre Forschung präsentieren in Anwesenheit von anderen Doktorand(inn)en, ihrer Betreuer(innen) und anderen Professoren, mit einer anschließenden Diskussion, die besonders die Methodologie betrifft. Man erwartet, dass die Doktorand(inn)en daran ein- oder zweimal im Laufe der Doktorarbeit teilnehmen.

Zudem findet jährlich eine einwöchige *Winter School* statt, die sich besonders auf Forschungsmethodologie konzentriert und die Vorlesungen – meistens von ausländischen Spezialisten – sowie am Ende eine individuelle Diskussion mit jedem Doktoranden über Research Design und Methodologie bezüglich ihrer geplanten oder vor kurzem begonnenen Doktorarbeit umfasst. Für Doktorand(inn)en, die auch an der Rechtsfakultät angestellt sind (meistens Assistent(inn)en, die auch stark am Unterricht beteiligt sind), ist die Teilnahme an dieser Winter School in ihrem ersten oder zweiten Jahr verpflichtend.

Für die Kriminologen wird eine Vorlesungsreihe *Doing Research in Criminology* organisiert. Eine Vorlesungsreihe von Spezialisten in Rechtssoziologie, Rechtspsychologie, ökonomischer Theorie des Rechts, Politikwissenschaft, Rechtsgeschichte usw. thematisiert die mögliche Benutzung von diesen Disziplinen und ihre Methoden innerhalb einer rechtsdogmatischen Doktorarbeit. Zudem finden Workshops zu bestimmten Methoden statt, etwa die Führung von Interviews, Diskursanalyse, Fokusgruppen, Statistik, Fragebogenkonstruktion und qualitative Methoden. In Zusammenarbeit mit den Universitäten von Antwerpen und Brüssel werden regelmäßig zweitägige Fortbildungen für Doktorväter bzw. -mütter organisiert (Workshops mit einer beschränkten Teilnehmerzahl). Universitätsweit werden *Kurse für Statistik* organisiert und es gibt Unterstützung für Forscher mit Problemen in statistischen Methoden, die sie in ihrer Doktorarbeit benutzen. Universitätsweit werden auch Workshops bezüglich allgemeiner akademischer Fähigkeiten organisiert: *Speed Reading*, *Academic English*, *Advanced Academic English*, *Presentation Skills in English*, *Effective Networking*, *What does it mean to be a researcher in the 21st century?*, *Applying for a Postdoctoral Job* usw. Doktorand(inn)en können auch an Kursen und Seminaren in anderen Universitäten (in der ganzen Welt) teilnehmen, wenn diese für ihre Doktorarbeit nützlich sind und nicht in der eigenen Universität angeboten werden.[18]

## *V. Schlussfolgerung*

Viel hat sich geändert in der Rechtswissenschaft, in der akademischen Welt und in der Gesellschaft. Und es wird sich in der Zukunft vermutlich noch viel ändern: die Konzeption von Rechtswissenschaft, das wissenschaftliche Forum (national, europäisch, international), die Konzeption der Doktorarbeit, das Überleben oder Verschwinden der Habilitation, die Methoden, die man in rechtswissenschaftlichen Arbeiten benutzen kann oder soll, die Ausarbeitung einer richtigen Methodologie der Rechtsvergleichung, die Rolle der empirischen Forschung innerhalb rechtsdogmatischer Forschung, die Rolle interdisziplinärer Forschung in der Rechtswissenschaft und die diesbezügliche Ausbildung der Jurastudent(inn)en, der Doktorand(inn)en und der Professor(inn)en. Der Wettbewerb mit den exakten Wissenschaften, die Kriterien mit denen die rechtswissenschaftliche Produktion beurteilt und die Rechtsfakultäten finanziert werden, werden diese Entwicklungen substantiell beeinflussen.

Auch die klassische Rechtsdogmatik, die besonders die Kohärenz des nationalen Rechtssystems anstrebt, steht unter Druck in einer pluralistischen Welt, wo auch nicht immer eine einzige Autorität über Geltung, Inhalt und Auslegung des Rechts urteilen kann, mit anderen Worten, wo es kein klar demarkiertes nationales Rechtssystem mehr gibt, sondern ein Pluralismus an – nicht nur öffentlich-rechtlichen sondern auch privatrechtlichen – Rechtssystemen, Rechtsquellen und Rechtsautoritäten.

---

18 Es gibt dabei finanzielle Unterstützung, aber in beschränktem Maße: pro Doktorand(in) für die ganze Dauer der Doktorarbeit höchstens 500€ für höchstens drei Kurse oder Seminare und nur für Anmeldegebühren, nicht für Reise- oder Aufenthaltskosten.

Hier braucht man nicht nur eine neue Methodologie, sondern auch neue Theorien, die den Pluralismus von Rechtssystemen, ihre weniger hierarchischen Struktur als vorher und ihre ständigen und schnellen Änderungen auch in Betracht zieht. Die Herausarbeitung einer adäquaten Methodologie für Rechtsvergleichung, für empirische juristische Forschung und für interdisziplinäre Forschung in der Rechtswissenschaft sind notwendige Bedingungen für die Entwicklung der Rechtswissenschaft von der traditionellen Rechtsdogmatik zu einer Rechtswissenschaft, in der „Grundlagenforschung, Interdisziplinarität und breitere internationale Perspektive", wie vom deutschen Wissenschaftsrat empfohlen, eine wichtigere Rolle spielen können.

# „Bologna III“ als Beschleuniger: Aktuelle Entwicklungen des rechtswissenschaftlichen Doktorats in der Schweiz*

*Michelle Cottier*

## *I. Einleitung*

„Bologna III“ steht für die Bemühungen zur Eingliederung des Doktorats als dritte Studienstufe im Europäischen Hochschulraum (European Area of Higher Education). Die Schweizer Universitäten nehmen die europäischen Anstösse aktuell zum Anlass, ihre Angebote im Bereich des Promotionsstudiums zu reformieren. So ist „Bologna III“ zum Beschleuniger für dringend anstehende Entwicklungen des rechtswissenschaftlichen Doktorats geworden. Diese lassen sich wie folgt zusammenfassen: Aufbau von strukturierten Doktoratsprogrammen und Graduiertenschulen, verbindliche Verankerung von Elementen des strukturierten Doktoratsstudiums in den Studienordnungen, (zaghafte) Verschiebung hin zum „early-stage-researcher-Modell“.

Der Beitrag zeichnet die Umsetzung von „Bologna III“ an den Schweizer Universitäten allgemein (II.) und an den Rechtsfakultäten im Besonderen (III.) nach, stellt Erkenntnisse aus Hochschulstatistik und -forschung zur Entwicklung der Größe und Zusammensetzung der Gruppe der Doktorierenden, der Chancengleichheit und den Berufsaussichten für Promovierte der Rechtswissenschaft ausserhalb und innerhalb des universitären Umfelds dar (IV.) und schlägt schliesslich mögliche Zielsetzungen für das

---

* Die Autorin war von 2009 bis 2014 als Assistenzprofessorin an der Juristischen Fakultät der Universität Basel tätig und in dieser Zeit im Rahmen einer Arbeitsgruppe an der Ausarbeitung der neuen Promotionsordnung beteiligt. Sie bedankt sich bei der Vorsitzenden, Prof. *Anne Peters*, und den weiteren Mitgliedern der Arbeitsgruppe für das interessante gemeinsame Nachdenken über notwendige Reformen der Doktoratsausbildung. Sie vertritt im vorliegenden Beitrag ausschliesslich ihre persönlichen Sichtweisen. Die Autorin dankt im Weiteren *Sarah E. Stingelin*, MLaw, für ihre nützlichen Recherchen zu diesem Beitrag, den Mitgliedern des *Zentrums für Juristische Lehre* der Juristischen Fakultät der Universität Basel für den anregenden Austausch und Prof. *Felix Hafner*, Dr. *Evelyne Schmid*, Prof. *Thomas Sutter-Somm* und Prof. *Herbert Zech* für wertvolle Anregungen.

juristische Doktoratsstudium im Spannungsfeld zwischen sich wandelnden Anforderungen von Rechtspraxis und Wissenschaft vor (V.).

## *II. Die Bologna-Reform und das Doktorat an Schweizer Universitäten*

### *1. Europäische Entwicklung und Schweizer Umsetzung*

Die von der Schweiz mit unterzeichnete und im Jahr 1999 in Bologna verabschiedete Erklärung der Europäischen Bildungsminister[1] hatte zum Ziel, bis zum Jahr 2010 einen europäischen Hochschulraum zu schaffen. Die Mobilität der Studierenden sollte gefördert und die Wettbewerbsfähigkeit des Bildungsstandorts Europa gestärkt werden. Im Zentrum stehen die Einführung eines zweistufigen Systems von Studienabschlüssen (Bachelor/Master) und ein Leistungspunktesystem (nach dem ECTS-Modell). Auf der Nachfolgekonferenz in Berlin 2003 folgte die Eingliederung des Doktorats als dritte Stufe, als „Bologna III“.[2]

Für die Umsetzung der Bologna-Reform in der Schweiz hat die Schweizerische Universitätskonferenz (SUK)[3] Richtlinien erlassen.[4] Diese sehen verbindlich vor, dass die Universitäten alle Studiengänge in die Stufen Bachelor-, Master- und Doktoratsstudium gliedern müssen. Für Bachelor- und Masterstufe ist dabei eine bestimmte Zahl von Kreditpunkten vorgese-

---

1 Joint Declaration of the European Ministers of Education Convened in Bologna on the 19th of June 1999.

2 „Realising the European Higher Education Area“, Communiqué of the Conference of Ministers responsible for Higher Education in Berlin on 19 September 2003, http://www.ehea.info/Uploads/about/Berlin_Communique1.pdf (1.3.2015).

3 Die Schweizerische Universitätskonferenz (SUK) war bis 31.12.2014 das gemeinsame Organ von Bund und Kantonen für die universitätspolitische Zusammenarbeit und hatte insbesondere die Kompetenz zum Erlass von Rahmenordnungen über die Studienrichtzeiten und über die Anerkennung von Studienleistungen und Studienabschlüssen. Sie setzte sich zusammen aus den Erziehungsdirektorinnen und Erziehungsdirektoren der Universitätskantone, zwei Erziehungsdirektoren von Nichtuniversitätskantonen, dem Staatssekretär für Bildung und Forschung sowie dem Präsidenten des ETH-Rates. Vgl. http://www.cus.ch/wDeutsch/portrait (8.1.2015). Die SUK wurde per 1.1.2015 abgelöst durch die Schweizerische Hochschulkonferenz (SHK).

4 Richtlinien für die koordinierte Erneuerung der Lehre an den universitären Hochschulen der Schweiz im Rahmen des Bologna-Prozesses (Bologna-Richtlinien) von 2003, 3. Aufl., Stand: 1. August 2008, http://www.cus.ch/wDeutsch/publikationen/richtlinien/BOL-RL-2008-Dt-V2.pdf (3.1.2015).

hen (Bachelor: 180 KP, Master: 90 bis 120 KP). Umfang und Ausgestaltung der Doktoratsstufe werden dagegen von jeder Universität unabhängig festgelegt.[5]

Auch die juristischen Fakultäten der Schweiz haben auf das Bologna-System umgestellt.[6] Anders als in Deutschland sind es die Universitäten, welche die Abschlüsse verleihen, die zur Berufsausübung als Juristin oder Jurist (nicht aber als Rechtsanwältin oder -anwalt) befähigen. Seit der Bologna-Reform lauten diese Bachelor of Law (*BLaw*) und Master of Law (*MLaw*). Unverändert bleibt der Titel *Dr. iur.*[7] oder *docteur(e) en droit.*[8] Manche Fakultäten sehen daneben auch die Übersetzung *PhD in Law* vor.[9] Das Anwaltsexamen ist davon nicht betroffen. Es wird nach wie vor von den Kantonen organisiert, wobei ein Bundesgesetz die Rahmenbedingungen regelt.[10]

Ein Positionspapier der Schweizer Universitäten umreißt gemeinsame Ziele für die Doktoratsstufe: Anders als in den ersten beiden Studienstufen liegt die Schwerpunktsetzung nicht auf der Vereinheitlichung, sondern auf der Exzellenz der Forschung und der Förderung der Wissenschafts- und Wirtschaftsstandorte Schweiz und Europa. Das Doktorat liege an der Schnittstelle von Lehre und Forschung und unterscheide sich damit von den hauptsächlich auf der Lehre basierenden Bachelor- und Mastergraden. Ziel der Doktoratsausbildung ist nach diesem Positionspapier zunächst die Entwicklung einer wissenschaftlichen Kompetenz, verstanden als Befähigung zur selbständigen wissenschaftlichen Arbeit. Neben der fachlichen

---

5 Art. 1 der Richtlinien.

6 Vgl. zur Umsetzung der Bologna-Reform auf der Stufe Bachelor: *Thier/Bodemann/Dedual*, Die Studieneingangsphase in der Schweiz – Herausforderungen und Chancen in: Brockmann/Pilniok (Hrsg.), Studieneingangsphase in der Rechtswissenschaft, Baden-Baden 2014, S. 229 ff.

7 Vgl. bspw. § 21 Abs. 3 der Promotionsordnung der Juristischen Fakultät der Universität Basel vom 5. Januar 2012, SGS 446.220, ius.unibas.ch/studium/studiengaenge/doktorat/ (7.1.2015).

8 Vgl. bspw. Art. 45 Abs. 4 Règlement d'études du 15 octobre 2004, Faculté de droit, Université de Genève, www.unige.ch/droit/etudes/formation/doctorat.html (7.1.2015).

9 Vgl. bspw. Art. 1 Abs. 2 Promotionsreglement der Rechtswissenschaftlichen Fakultät der Universität Bern, www.rechtswissenschaft.unibe.ch/content/doktorat/ (7.1.2015).

10 Bundesgesetz über die Freizügigkeit der Anwältinnen und Anwälte (Anwaltsgesetz, BGFA) vom 23. Juni 2000, SR 935.61, http://www.admin.ch/opc/de/classified-compilation/19994700/index.html (21.4.2015).

(disziplinären und interdisziplinären) und methodischen Expertise sollen auch transversale Kompetenzen wie Projektmanagement, Präsentationstechniken, Sprache und Kommunikation erworben werden können. Das Doktorat diene darüber hinaus der wissenschaftlichen Sozialisation und Netzwerkbildung mit Doktorierenden sowie weiteren Forschenden und Fachpersonen in der Schweiz und im Ausland. Das Doktorat bereite auf eine forschungsorientierte Tätigkeit im universitären und außeruniversitären Bereich (Gesellschaft, Wirtschaft, Verwaltung etc.) vor und befähige zur Übernahme anspruchsvoller beruflicher Aufgaben und Funktionen vielfältiger Art.[11]

Die Schweizer Universitäten haben sich nun jüngst, im November 2014, mit den Universitäten Frankreichs, Polens, Deutschlands und Großbritanniens in einer gemeinsamen Erklärung zu aktuellen Entwicklungen im Bereich des Doktorats zu Wort gemeldet. Die Erklärung bekennt sich zur Diversität der Doktoratsausbildung in verschiedenen Ländern und Hochschulen, die unterschiedlichen Bedürfnissen gerecht zu werden vermöge, und spricht sich klar gegen eine Standardisierung des Doktoratsstudiums nach dem Vorbild der Vereinheitlichung der Bachelor- und Masterstufe aus.[12]

## *2. Förderung von Doktoratsprogrammen und Doktorierenden*

Gemeinsam bemühen sich die Schweizer Universitäten und Forschungsförderungseinrichtungen um eine Qualitätssteigerung in der Doktoratsausbildung. Das Mittel der Wahl sind strukturierte Doktoratsprogramme. Zunächst hat der Schweizerische Nationalfonds (SNF) gemeinsam mit der Rektorenkonferenz der Schweizer Universitäten (CRUS) das Programm ProDoc ausgeschrieben, das auf eine Laufzeit von drei Jahren (2008-2011) beschränkt war. Daraufhin wurde eine Arbeitsteilung zwischen Universitäten und SNF vereinbart: Ab 2012 übernahmen die Universitäten die volle Verantwortung für die Förderung der Doktoratsprogramme. Der

---

11 Exzellenz durch Forschung. Gemeinsames Positionspapier der Schweizer Universitäten zum Doktorat, Version vom 17. Januar 2014, http://www.swissuniversities.ch/de/themen/forschung/doktorat/ (9.1.2015).

12 The presidents of CDEFI, CPU, CRASP, HRK, CRUS and UUK, Joint declaration on Doctoral Training in Europe, Paris, Warsaw, Bern, Bonn, London, November 2014, http://www.swissuniversities.ch/de/themen/forschung/doktorat/ (8.1.2015).

Schweizerische Nationalfonds beschränkte sich fortan auf die Finanzierung der Saläre und Stipendien der Doktorierenden.

Die Schweizerische Universitätskonferenz (SUK) hat hierauf ein von der CRUS entwickeltes Programm zur Förderung von interuniversitären Doktoratsprogrammen aufgelegt. Die Universitäten und die Eidgenössischen Technischen Hochschulen (ETH) erhalten jährlich Mittel für die Finanzierung von Aktivitäten, die mit der Schaffung, der Entwicklung und dem Betrieb solcher Programme verbunden sind. Die Beteiligung von mindestens zwei Universitäten ist Voraussetzung. Die Forschung der Doktorierenden wird nicht über die Programmmittel finanziert. Die geförderten Aktivitäten müssen die Bestimmungen des gemeinsamen Positionspapiers der Schweizer Universitäten zum Doktorat (Exzellenz durch Forschung)[13] berücksichtigen und eine strukturierte Betreuung gewährleisten, die zur wissenschaftlichen Sozialisation der Doktorierenden beiträgt (Gemeinschaft, Netzwerk, Kursangebot). Sie müssen die interinstitutionelle Zusammenarbeit fördern, insbesondere im Hinblick auf die kritische Masse und die Sozialisation der Doktorierenden (grundsätzlich mindestens 20 Doktorierende) und müssen auf eine bestimmte Forschungsthematik fokussieren.[14]

Mit dem Hochschulförderungs- und -koordinationsgesetz (HFKG), das im Januar 2015 in Kraft trat, wurde die Hochschulkoordination nunmehr auf eine neue Grundlage gestellt.[15] In diesem Zusammenhang hat eine Integration der Hochschul- und der Rektorenkonferenzen stattgefunden: Die Schweizerische Universitätskonferenz (SUK) wurde ebenso wie die entsprechenden Konferenzen der Fachhochschulen und pädagogischen Hochschulen aufgelöst. Die Schweizerische Hochschulkonferenz (SHK) wurde als oberstes hochschulpolitisches Organ neu eingerichtet (Art. 7 Bst. a

13 Vgl. oben Fn. 11.

14 Vgl. http://www.swissuniversities.ch/de/hochschulraum/projekte-und-programme/suk-p-1-doktoratsprogramme/ (8.1.2015).

15 SR 414.20. Zum Gesetzgebungsprozess vgl. *Sahlfeld*, Die Hochschullandschaft Schweiz – verderben zu viele Landschaftsplanerinnen und -architekten das Bild?, in: LeGes: Gesetzgebung & Evaluation 2008, S. 307 ff. Verfassungsrechtliche Grundlage ist Art. 63a der Schweizer Bundesverfassung, vgl. *Hördegen*, Grundziele und -werte der „neuen" Bildungsverfassung, in: Schweizerisches Zentralblatt für Staats- und Verwaltungsrecht 2007, S. 113 ff.

HFKG).[16] Die Rektorenkonferenz der schweizerischen Hochschulen, die unter dem Label *swissuniversities* auftritt, vereinigt die ehemaligen separaten Rektorenkonferenzen der Universitäten, Fachhochschulen und pädagogischen Hochschulen in einer Organisation (Art. 19 HFKG).[17] Die Aktivitäten im Bereich der Förderung interinstitutioneller Doktoratsprogramme werden von der Schweizer Hochschulkonferenz und der Rektorenkonferenz weitergeführt.[18]

Der Schweizerische Nationalfonds (SNF) nimmt seine Aufgabe der Finanzierung der Forschungsarbeit der Doktorierenden durch zahlreiche Instrumente wahr, die entweder von den Doktorierenden selbst (Karriereförderung) oder von ihren Betreuerinnen und Betreuern beantragt werden können (Projektförderung).[19] Insgesamt unterstützte der SNF im Jahr 2013 rund 8.900 Mitarbeitende, davon waren 51 % Doktorierende.[20] Die Statistik des SNF weist nicht aus, wie viele Forschungsgelder in die Rechtswissenschaft fließen und wie hoch dort der Anteil der Doktorierenden ist. So bildet die Rechtswissenschaft für den SNF eine Fächergruppe mit den Wirtschafts- und Sozialwissenschaften. Diese hat 2013 insgesamt CHF 26,4 Mio. erhalten. Das sind 6,3 % der im Jahr 2013 ausgeschütteten CHF 416,5 Mio. Insgesamt flossen 23 % der Beiträge des SNF in die Sozial- und Geisteswissenschaften[21], 33 % in Mathematik, Natur- und Ingenieur-

---

16 Die SHK sorgt für die gesamtschweizerische Koordination der Tätigkeiten von Bund und Kantonen im Hochschulbereich (Art. 10 Abs. 1 HFKG). Vgl. auch http://www.shk.ch/ (25.2.2015).

17 Die neue Rektorenkonferenz wirkt mit bei der Vorbereitung der Geschäfte der Schweizerischen Hochschulkonferenz, hat ein Antragsrecht und setzt sich für die Umsetzung der Beschlüsse in den Hochschulen ein (Art. 6 Abs. 1 bis 3 der Vereinbarung zwischen dem Bund und den Kantonen über die Zusammenarbeit im Hochschulbereich, ZSAV-HS SR 414.205), vgl. http://www.swissuniversi ties.ch-/de/organisation/ueber-swissuniversities/ (8.1.2015).

18 http://www.swissuniversities.ch/de/hochschulraum/projekte-und-programme/suk-p-1-doktoratsprogramme/ (8.1.2015).

19 Vgl. www.snf.ch/de/foerderung/karrieren, www.snf.ch/de/foerderung/projekte (10.1.2015).

20 Die nachfolgend wiedergegebenen Daten sind entnommen: Schweizerischer Nationalfonds zur Förderung der wissenschaftlichen Forschung, Statistiken 2013, Vollversion, http://www.snf.ch/de/derSnf/portraet/zahlen_fakten/statistiken (10.1.2015).

21 Innerhalb dieser größeren Disziplinengruppe ist die Aufteilung nach Fächergruppen folgendermaßen: Philosophie, Psychologie, Religions- und Bildungswissenschaften 27 %; Sozial-, Wirtschafts- und Rechtswissenschaften 28 %; Geschichts-

wissenschaften, 40 % in Biologie und Medizin und 4 % in interdisziplinäre Projekte.

### 3. Förderung der Chancengleichheit von Frau und Mann

Eine weitere, für die Doktoratsstufe wesentliche Richtung der Hochschulpolitik wurde schon vor der Bologna-Reform eingeschlagen: die Förderung der Chancengleichheit von Frau und Mann. Von 2000-2013 betrieb die Schweizerische Universitätskonferenz das Bundesprogramm „Chancengleichheit von Frau und Mann an den Universitäten“[22], das auch ein Modul zur Nachwuchsförderung enthielt. In diesem Rahmen wurden zahlreiche Aktivitäten der Universitäten insbesondere im Bereich Mentoring von Nachwuchswissenschaftlerinnen finanziert. Das Nachfolgeprogramm ist das 2013 lancierte Programm „Chancengleichheit von Mann und Frau an Universitäten/Gender Studies 2013–16“, das aufgrund der Empfehlungen der Evaluation der ersten Projektphase[23] ergänzend zur individuellen Förderung von Nachwuchswissenschaftlerinnen stärker auf der Ebene der universitären Strukturen ansetzt. Die Universitäten haben auf dieser Grundlage Aktionspläne zur Verbesserung der Chancengleichheit ausgearbeitet. Diese führen konkrete Maßnahmen in fünf Handlungsfeldern auf: Im Handlungsfeld 1 „Institutionelle Verankerung von Chancengleichheit“ sollen sichtbare Strukturen der Gleichstellungsförderung (Gleichstellungsstellen etc.) und Mechanismen des Gleichstellungsmonitorings eingerichtet oder gestärkt werden. Das Handlungsfeld 2 zielt durch verbindliche Zielvorgaben auf die „Erhöhung des Frauenanteils bei den Professuren, in den Leitungs- und Entscheidungsgremien“. Das Handlungsfeld 3 sieht „Maßnahmen im Bereich der gendergerechten Nachwuchsförderung“ vor, namentlich Mentoring und Kursangebote für Post-docs und DoktorandInnen, und individuelle Unterstützung zur Karriereförderung. Das Handlungsfeld 4 will die „Rahmenbedingungen für Studierende, Mitarbeitende

---

wissenschaften 8 %; Archäologie, Ethnologie, Kunstwissenschaften und Urbanistik 20 %; Sprach- und Literaturwissenschaften 17 %.

22 www.swissuniversities.ch/de/themen/chancengleichheit/bundesprogramm-chancengleichheit-2000-20122013/ (8.1.2015).

23 *Dubach/Graf/Stutz/Gardiol*, Evaluation Bundesprogramm Chancengleicheit von Frau und Mann an den Universitäten, 3. Phase 2008-2011, Bern 2012, www.swissuniversities.ch/fileadmin/swissuniversities/Dokumente/DE/UH/Chancengleichheit/2012.Evaluation_Bundesprogramm_3.Phase.pdf (8.1.2015).

und Forschende – Frauen wie Männer – mit familiären Verpflichtungen" verbessern, durch ausreichende flexible und konstante Betreuungsangebote, Elternzeit, Studien- und Arbeitszeitflexibilisierung etc. Im Handlungsfeld 5 sollen die Universitäten Maßnahmen vorsehen zum „Abbau der horizontalen Segregation beim Zugang und der vertikalen Segregation beim Verbleib in Studienfächern, in denen der Anteil eines Geschlechts besonders tief ist und ein Nachwuchsmangel droht (v.a. Mathematik – Informatik – Naturwissenschaften – Technik, MINT)"[24].

## *III. Bologna III an den Schweizer Rechtsfakultäten*

Auch die juristischen Fakultäten werden zur Zeit von den Bemühungen der Schweizer Universitäten zur Reform des Doktoratsstudiums erfasst. Die Förderinstrumente der Universitäten und des SNF werden genutzt. Es wurden bereits strukturierte Doktoratsprogramme entwickelt und Promotionsordnungen reformiert. Die Strukturierung des Doktorats ist allerdings eine ganz junge Entwicklung, die eben erst anläuft und durch die wissenschaftspolitischen Prozesse rund um „Bologna III" beschleunigt wird.

### *1. Strukturierte Doktoratsprogramme*

Lanciert wurden dabei insbesondere interfakultäre oder interdisziplinäre Doktoratsschulen, die auf ein bestimmtes Thema fokussieren. Die Universität Basel führt in Kooperation mit der Universität Zürich und weiteren Institutionen ein interdisziplinäres Doktoratsprogramm mit dem Titel „Law and Animals: Ethics at Crossroads".[25] In Zürich werden die interdisziplinären Programme „Biomedical Ethics and Law (PhD BmEL)"[26] und „Asien und Europa"[27] angeboten. Die Westschweizer Universitäten Freiburg, Genf, Lausanne und Neuenburg betreiben gemeinsam das interdisziplinäre Programm zu den Grundlagen des Europa- und Völkerrechts „Fon-

24 Vgl. http://www.swissuniversities.ch/de/themen/chancengleichheit/suk-programm-p-4/aktionsplaene-der-10-kantonalen-universitaeten/ (1.10.2015).

25 Vgl. ius.unibas.ch/fakultaet/schwerpunkte/law-and-animals-ein-aktuelles-und-praxisrelevantes-forschungsgebiet/ (25.2.2015).

26 Vgl. www.bmel.uzh.ch/ (25.2.2015).

27 Vgl. www.asienundeuropa.uzh.ch (25.2.2015).

dements du droit européen et international".[28] Daneben bietet die Konferenz der französischsprachigen Universitäten (Conférence universitaire de Suisse occidentale, CUSO) ein nicht thematisch definiertes Doktoratsprogramm an.[29] Die Universität Bern betreibt ein fakultätsinternes thematisches Doktoratsprogramm, die Berner Graduiertenschule für Strafrechtswissenschaft[30], und ein interfakultäres Doktoratsprogramm in englischer Sprache im Rahmen der „Graduate School of Economic Globalisation and Integration" am World Trade Institute[31]. Die Universität St. Gallen sieht für alle Studierenden ein nicht thematisch bestimmtes, strukturiertes Programm vor.[32] Ein Doktoratsprogramm in „International Law" bietet schliesslich das Graduate Institute of International and Development Studies in Genf an.[33]

Typisch für die strukturierten Programme und Graduiertenschulen ist das *Ausbildungsprogramm* in Form von Seminaren oder Workshops, welches das Schreiben der Dissertation begleitet. In dessen Rahmen sollen die Studierenden fachliche und methodische Kenntnisse im Themenbereich ihrer Dissertation sowie transversale Kompetenzen (Präsentation, Teamarbeit, Projektmanagement, Arbeitsorganisation, Drittmittelakquise, Sprache, EDV etc.) erwerben können. Regelmäßige Kolloquien zur Präsentation der laufenden Projekte dienen der Vernetzung der Doktorierenden untereinander. Manche Programme, so das Basler Programm „Law & Animals", organisieren an die wissenschaftliche Öffentlichkeit gerichtete Tagungen. Entsprechend der oben angesprochenen Arbeitsteilung zwischen Universitäten und SNF ist die Aufnahme in ein Doktoratsprogramm oder eine Graduiertenschule in der Regel nicht mit einem (vollen) Stipendium verbunden. Die Doktorierenden finanzieren sich durch Anträge an den SNF oder andere Einrichtungen der Forschungsförderung, oder finden als Mitarbeitende in (SNF-) Forschungsprojekten ihr Auskommen.

---

28 Vgl. www.unifr.ch/europrodoc/ (25.2.2015).

29 Vgl. droit.cuso.ch (25.2.2015).

30 Vgl. www.krim.unibe.ch/content/weiterbildung/bgs/ (25.2.2015).

31 Vgl. http://www.wti.org/courses/doctoral-programme/ (25.2.2015).

32 Vgl. www.unisg.ch/Studium/Doktorat/Rechtswissenschaft (25.2.2015).

33 Das als private Stiftung organisierte Graduate Institute Geneva ist insofern ein Spezialfall, als es nur Studienprogramme auf der Master- und PhD-Stufe anbietet, vgl. http://graduateinstitute.ch/home/study/programmes.html (25.2.2015).

## *2. Reform der Studienordnungen für das Doktorat*

Die meisten Deutschschweizer Rechtsfakultäten haben – in der Regel eingebunden in gesamtuniversitäre Reformen – die aktuelle Entwicklung zum Anlass genommen, *neue Studienordnungen* für die Doktoratsstufe zu erlassen, die insbesondere Elemente des strukturierten Doktoratsstudiums verbindlich verankern. Die revidierten Promotionsordnungen der Juristischen Fakultäten der Universitäten St. Gallen (2007),[34] Zürich (2009),[35] Bern (2011)[36] und Basel (2012)[37] sind in diesem Kontext zu verorten. Die Verordnungen sehen entweder eine Strukturierung des Doktoratsstudiums für alle Promovierenden vor (St. Gallen) oder unterscheiden zwischen einem Doktorat innerhalb eines strukturierten Programms (oder einer Graduiertenschule) und einem „freien“ oder „allgemeinen“ Doktorat (Zürich, Basel, Bern).

Die Rechtsfakultäten in St. Gallen und Basel sehen für alle Doktorierenden die Betreuung durch ein *Doktoratskomitee* vor, das in St. Gallen aus zwei, in Basel aus drei Personen besteht. Die Zweitbetreuerin oder der Zweitbetreuer ist möglichst von Anfang an in die Betreuung involviert.[38] Bern sieht ebenfalls eine Zweierbetreuung vor, wobei die Aufgabe der Zweitbetreuung sich laut Promotionsreglement auf das Erstellen eines Zweitgutachtens zur Dissertation beschränkt.[39] Zürich sieht eine Zweierbetreuung nur für Teilnehmende an einem Doktoratsprogramm vor, im all-

---

34 Promotionsordnung für das Doktorat der Universität St. Gallen vom 11. Dezember 2006 (PromO 07, Stand am 7. Mai 2012), http://www.unisg.ch/~/media/internet/content/dateien/unisg/studium/doktorat/ds_promo-07-unirat_d.pdf (14.1.2015) und Studienordnung für das Doktorat in Rechtswissenschaft der Universität St. Gallen vom 4. Juni 2007, http://www.unisg.ch/~/media/inter-net/content/dateien/unisg/studium/doktorat/dls/hsg_sto_dls_d.pdf?fl=de (14.1.2015).

35 Verordnung über die Promotion zur Doktorin / zum Doktor der Rechtswissenschaft (Dr. iur.) an der Rechtswissenschaftlichen Fakultät der Universität Zürich (Promotionsverordnung) vom 25. Mai 2009, http://www.ius.uzh.ch/rsjur/Loseblattsammlung/6.1.1_PVO_2009.pdf (14.1.2015).

36 Promotionsreglement der Rechtswissenschaftlichen Fakultät der Universität Bern vom 18.8.2011, http://www.rechtswissenschaft.unibe.ch/unibe/rw_neu/content-/e2427/e2495/linkliste2497/Promotionsreglement-01-12-def_ger.pdf (14.1.2015).

37 Promotionsordnung der Juristischen Fakultät der Universität Basel vom 5. Januar 2012, https://ius.unibas.ch/studium/studiengaenge/doktorat/promotionsordnung/ (14.1.2015).

38 St. Gallen: Art. 9 ff. PromO 07; Basel: § 8 ff. Promotionsordnung.

39 Art. 9, 10, 13 Promotionsreglement.

gemeinen Doktorat gilt der Grundsatz der Einzelbetreuung.[40] Basel, Bern und Zürich sehen vor, dass alle Doktorierenden mit ihren Betreuerinnen und Betreuern eine *Doktoratsvereinbarung* abschließen müssen, die insbesondere einen Zeitplan und die vom Doktorierenden zu erbringenden Leistungen beinhaltet.[41]

Hauptleistung im Rahmen des Doktorats ist überall das *Verfassen der Dissertation*. Die meisten Universitäten, die das Doktoratsstudium reformiert haben, halten an der Monografie fest. Nur in St. Gallen ist auch eine kumulative Dissertation möglich, d.h. das Einreichen von mehreren kürzeren Beiträgen zum Thema der Dissertation.[42] Die *Zusatzleistungen*, die von den Doktorierenden zu erbringen sind, hängen meist von der gewählten Form des Doktorats ab: In Basel und Zürich muss eine gewisse Zahl von Kreditpunkten durch Wahrnehmung des begleitenden Studienprogramms erworben werden, wobei es für strukturierte Programme mehr sind als im allgemeinen Doktorat.[43] St. Gallen sieht für alle Doktorierenden in einer ersten Phase des Doktorats obligatorische, fachlich ausgerichtete Kurse in den Bereichen Grundlagenfächer, juristische Methode und – entsprechend dem Profil der Hochschule St. Gallen – Law & Economics vor. Für Doktorierende, die eine wissenschaftliche Karriere anstreben, wird in der zweiten Phase ein spezielles „Research Programme“ angeboten. Dieses erfordert die erfolgreiche Teilnahme an einem Doktorierendenkolloquium, die Mitarbeit an einem Forschungsprojekt und den Nachweis von Lehrerfahrung.[44]

### 3. *Zaghafte Ansätze eines Paradigmenwechsels*

Zusammenfassend kann festgestellt werden, dass sich an den Schweizer Rechtsfakultäten in Ansätzen ein *Paradigmenwechsel* abzeichnet: An vielen Rechtsfakultäten findet ein – wenn auch teilweise noch eher zaghaftes – Abrücken vom „Meister-Schüler-Modell“ statt. In diesem Modell ver-

40 § 21 Abs. 3 und 4 Promotionsverordnung.

41 Basel: § 12 Promotionsordnung; Bern: Art. 11 Promotionsreglement; § 22 Promotionsverordnung.

42 Art. 37 PromO 07; Doktoratsprogramm in Rechtswissenschaft (DLS), Leitfaden, Stand: Juli 2013, S. 9, http://www.unisg.ch/de/studium/doktorat/rechts-wissenschaft/ (13.1.2015).

43 Basel: § 14 Promotionsordnung; Zürich: § 5 Promotionsverordnung.

44 http://www.unisg.ch/de/studium/doktorat/rechtswissenschaft (14.1.2015).

fassen die Doktorierenden ihre Dissertation „im stillen Kämmerlein" und sind einzig mit der Betreuerin oder dem Betreuer im Gespräch, zu der oder dem ein ausgeprägtes Abhängigkeitsverhältnis besteht.[45] Stattdessen ist eine allmähliche Hinwendung zum „early stage researcher-Modell" erkennbar, in dem die Einführung der Nachwuchsforschenden in die wissenschaftliche Community und deren gleichberechtigte Teilhabe am wissenschaftlichen Diskurs im Vordergrund stehen und die (internationale) Netzwerkbildung betont wird.[46]

## *IV. Erkenntnisse aus Hochschulstatistik und -forschung*

### *1. Rückgang der Zahl der Doktorierenden, Zunahme von Frauenanteil und Internationalität*

Ein Blick in die Hochschulstatistik zeigt, dass in der Schweiz im Vergleich zu anderen Disziplinen nur wenige Absolventinnen und Absolventen eines Rechtsstudiums den Weg des Doktorats einschlagen. Der Anteil im Verhältnis zu den Masterabschlüssen beträgt aktuell ungefähr eins zu zehn.[47] Sehr viel höher ist der Anteil etwa in den exakten Wissenschaften und den Naturwissenschaften, wo die Mehrheit der Absolventinnen und Absolventen ihr Studium mit dem Doktorat fortsetzt.[48]

---

45 Vgl. zu diesem Modell etwa *Hornbostel*, Promotion im Umbruch – Bologna ante Portas, in: Held/Kubon-Gilke/Sturn (Hrsg.), Bildungsökonomie in der Wissensgesellschaft, Marburg 2009, S. 213 ff.; *Berning/Falk*, Abschied vom „Meister-Schüler-Verhältnis"? Strukturwandel in der Promotionsbetreuung, in: Forschung & Lehre 12/2006, S. 686 f.

46 Dieses Modell wird von der European University Association empfohlen: European University Association, Doctoral Programmes for the European Knowledge Society, Report on the EUA Doctoral Programmes Project 2004-2005, Brussels 2005, S. 32, http://www.eua.be/eua/jsp/en/upload/Doctoral_Programmes_Project_Report.1129278878120.pdf (14.1.2015).

47 Im Jahr 2013 kamen in der Rechtswissenschaft 170 Doktorate auf 1632 Masterabschlüsse, vgl. Bundesamt für Statistik, Tertiärstufe, universitäre Hochschulen: Bildungsabschlüsse nach Hochschule und Fachbereich, 1999-2013, Tabelle T 15.03.04.01.01, Statistisches Lexikon der Schweiz, http://www.bfs.ad-min.ch/bfs/portal/de/index/infothek/lexikon/lex/0.html (7.1.2015).

48 Vgl. Bundesamt für Statistik, Tertiärstufe, universitäre Hochschulen: Bildungsabschlüsse nach Hochschule und Fachbereich, 1999-2013, Tabelle 15.03.04.01.01.

Stark verbessert hat sich der *chancengleiche Zugang zum Doktorat für Männer und Frauen*: Im Jahr 2000 waren erst 26.2 % der Promovierten der Rechtswissenschaft Frauen, obwohl bereits 1995, also fünf Jahre vorher, 45 % der Lizentiate (der damalige Regelabschluss des Rechtsstudiums) von Frauen erworben wurden. Im Jahr 2013 betrug der Frauenanteil unter den Promovierten der Rechtswissenschaft bereits 44.1 % und lag damit im Durchschnitt aller Disziplinen (43.8 %).[49]

Kennzeichnend ist weiterhin ein Trend zur *Internationalisierung*. Zwar ist bei den Doktorierenden im Fach Rechtswissenschaft ein im Vergleich zu anderen Wissenschaftszweigen niedrigerer Anteil von ausländischen Staatsangehörigen festzustellen. Während in der Schweiz im Jahr 2013 im Durchschnitt aller Disziplinen 51 % der Absolventinnen und Absolventen des Doktoratsstudiums einen ausländischen Pass hatten, waren es in der Rechtswissenschaft nur 21.2 %. Dieser Anteil ist aber seit dem Jahr 2000, wo er nur 4.8 % betrug, stark gestiegen. Von den Promovierten der Rechtswissenschaft mit ausländischer Staatsangehörigkeit sind in den Jahren 2004 bis 2013 94 % erst zum Hochschulstudium in die Schweiz eingereist („Bildungsausländer"), und 6 % haben bereits ihre Schulen in der Schweiz absolviert („Bildungsinländer").[50] Das Interesse von Schweizer Staatsangehörigen am rechtswissenschaftlichen Promotionsstudium nimmt dagegen im Verhältnis zu den Abschlüssen des Masterstudiums deutlich ab und die absoluten Zahlen stagnieren.[51] So hat sich in den Jahren 1990 bis 2013 die Zahl der Abschlüsse von Schweizer Staatsangehörigen beim Rechtsstudium von 836 auf 1454 nahezu verdoppelt, während die Zahl der Doktorate in der gleichen Zeit praktisch gleich geblieben ist (1990: 139 Doktorate von Schweizer Staatsangehörigen, 2013: 141 Doktorate). Die

49 Bundesamt für Statistik, Abschlüsse der universitären Hochschulen nach Jahr, Examensstufe, Fachrichtung, Geschlecht und Hochschule, Datenbank STAT-TAB, Stand der Datenbank: Juni 2014, http://www.pxweb.bfs.admin.ch (7.1.2015).

50 Bundesamt für Statistik, Abschlüsse der universitären Hochschulen nach Jahr, Examensstufe, Fachbereich, Wohnort vor Studienbeginn und Hochschule; Abschlüsse der universitären Hochschulen bei Examensstufe, Fachrichtung, Jahr und Staatsangehörigkeit; Datenbank STAT-TAB (vgl. Fn. 49).

51 Vgl. Abschlüsse der universitären Hochschulen bei Fachrichtung, Jahr, Examensstufe und Staatsangehörigkeit, Datenbank STAT-TAB (Fn. 49).

zunehmende Präsenz internationaler Studierender vermag das abnehmende inländische Interesse am Doktorat nicht auszugleichen.[52]

## 2. *Gute Berufsaussichten, Divergenz zwischen Ausbildungsinhalten und beruflicher Tätigkeit*

Die *Berufsaussichten* für die Doktorierten der Rechtswissenschaft sind nach wie vor ausgezeichnet: Fünf Jahre nach Abschluss des Doktorats ist keine einzige Absolventin, kein einziger Absolvent erwerbslos. Allerdings ist auch die Erwerbslosenquote fünf Jahre nach Abschluss des Masters of Law mit 1,6 % bereits sehr gering.[53] Doktorierte mit einem Abschluss in Recht verfügen fünf Jahre nach Abschluss mit 130.000 Schweizer Franken (ca. 122.532 Euro)[54] im Vergleich mit Doktorierten anderer Disziplinen über das höchste Jahreseinkommen. Das Einkommen ist auch deutlich höher als dasjenige der Masterabsolventinnen und -absolventen der Rechtswissenschaft fünf Jahre nach Studienabschluss (durchschnittlich 102.000 Franken). Der Einkommensunterschied zwischen Master- und Doktoratsabsolventen ist zudem deutlich höher als in den Naturwissenschaften, wo das Doktorat – wie zuvor erwähnt – fast zur Standardausbildung gehört.[55]

Allerdings geben laut einer Studie der Universität Bern[56] über 80 % der in Rechtswissenschaft Promovierten an, dass die Promotion keine Zugangsvoraussetzung für ihre aktuelle berufliche Tätigkeit gewesen sei. Zudem benötigen 33 % das im Doktorat erworbene Fachwissen nach eigenen Angaben in ihrer jetzigen beruflichen Tätigkeit wenig bis gar nicht, wäh-

52 Die Zahl der Doktorate ist insgesamt von 1990 bis 2013 von 147 nur wenig auf 179 gestiegen, vgl. Abschlüsse der universitären Hochschulen bei Examensstufe, Jahr und Fachrichtung, Datenbank STAT-TAB (Fn. 49).

53 Bundesamt für Statistik, TA2Z02-2 Erwerbslosenquote gemäss ILO der UH-Absolvent/innen fünf Jahre nach Studienabschluss, nach Examensstufe und Fachbereichsgruppe (in %), Erhebung 2013, Statistisches Lexikon der Schweiz (Fn. 47).

54 Wechselkurs vom 16. Februar 2015.

55 Bundesamt für Statistik, TA3Z61-11 Standardisiertes Bruttoerwerbseinkommen der UH-Absolvent/innen fünf Jahre nach Studienabschluss, nach Examensstufe, Fachbereichsgruppe und Geschlecht, Erhebung 2013, Statistisches Lexikon der Schweiz (Fn. 47).

56 Für die in diesem Abschnitt aufgeführten Ergebnisse vgl. *Engelage/Schubert*, Promotion und Karriere – Wie adäquat sind promovierte Akademikerinnen und Akademiker in der Schweiz beschäftigt?, in: Zeitschrift für Arbeitsmarktforschung 41 (3) 2009, S. 213 (222).

rend dies bei allen anderen Wissenschaftszweigen bei weniger als 10 % der Fall ist. Sie fühlen sich auch in Bezug auf die im Rahmen des Doktorats erworbenen Soft Skills Präsentieren, Fremdsprachenkenntnisse und Mitarbeiterführung schlechter vorbereitet als die Promovierten in den anderen Wissenschaftszweigen. Beim Doktorat in Rechtswissenschaft steht also weniger als in anderen Wissenschaftszweigen der Ausbildungsaspekt im Vordergrund. Der Gehaltsvorteil weist nach den Autoren der Studie aber darauf hin, dass die Promotion in Rechtswissenschaft für Arbeitgebende als Signal für überlegenes Talent gilt und breites Humankapital ausweist, welches auf eine erhöhte Produktivität einer Person über den wissenschaftlichen Bereich hinaus hinweist. Der Signaleffekt des Doktorats besteht also demnach darin, dass sich Arbeitgebende versprechen, dass wer zur Promotion zugelassen wird und diese erfolgreich abschliesst, in der Regel überdurschnittlich talentiert und leistungsbereit ist und dies auch im ausseruniversitären Kontext unter Beweis stellen wird.

### *3. Strukturelle Probleme der wissenschaftlichen Laufbahn*

Die exzellenten Berufsaussichten für Promovierte der Rechtswissenschaft in den unterschiedlichsten Tätigkeitsfeldern lassen die wissenschaftliche Laufbahn als vergleichsweise wenig attraktiv erscheinen. So ist diese in der Schweiz, ähnlich wie in Deutschland, durch – im Vergleich zu Beschäftigungen in der juristischen Praxis (Gerichte, Verwaltung, Rechtsanwaltskanzleien) – schlechte Bezahlung, ungesicherte Verträge und sehr späte Gewissheit über den Erfolg des eingeschlagenen Wegs (sprich: das Erreichen einer Professur) geprägt. Der Schweizerische Wissenschafts- und Technologierat[57] wie auch Organisationen des akademischen Mittelbaus[58] orten als Ursache dieser in allen Wissenschaftszweigen zu beob-

---

57 Schweizerischer Wissenschafts- und Technologierat, Nachwuchsförderung für eine innovative Schweiz. Grundlagen für eine umfassende Förderung von Nachwuchskräften für Wissenschaft, Wirtschaft und Gesellschaft, Stellungnahme und Empfehlung, http://www.swir.ch/images/stories/pdf/de/web_nachwuchsfoerderung_dt.pdf (11.1.2015).

58 ActionUni, Dachverband der Schweizer Mittelbauvereinigungen, Policy Paper zum Reformbedarf der Nachwuchsförderung an den schweizerischen universitären Hochschulen und ETHs, Bern/Fribourg 2011, www.actionuni.ch/var/actionuni/file/comity/110921_Actionuni_PolicyPaper_def.pdf (8.1.2015); Positionspapier junger Forschender, Hearing WBK-S vom 2. April 2012, VISION 2020: Ohne

achtenden Problematik die stark hierarchische Stellenstruktur mit einem sehr kleinen Anteil an unbefristeten Stellen, die sich fast ausschließlich auf der obersten Hierarchiestufe auf Ebene der Professuren befinden. Dies bestätigt auch eine internationale Vergleichsstudie des Wissenschaftszentrums Berlin.[59]

Frauen verlassen angesichts dieser Unwägbarkeiten häufiger als Männer nach dem Doktorat die Universität (Phänomen der „leaky pipeline“). Dies liegt nach einer Studie im Auftrag des Schweizerischen Nationalfonds, die sich allerdings auf alle Wissenschaftszweige bezieht, auch daran, dass Frauen nach dem Doktorat weniger laufbahnspezifische Unterstützung durch arrivierte Wissenschaftlerinnen und Wissenschaftler im Sinne eines Mentorings erhalten als ihre männlichen Kollegen, was sich in weniger Publikationen und weniger guter akademischer Vernetzung niederschlägt. Auch sind sie aufgrund von nach wie vor verbreiteten geschlechtsspezifischen Erwartungen in Partnerschaften („Frau folgt Mann“) weniger mobil. Schließlich schränken weibliche sehr viel häufiger als männliche Doktorierte ihre Erwerbstätigkeit ein, wenn sie Kinder bekommen, und erfahren dadurch Einschränkungen im wissenschaftlichen Fortkommen, die in vielen Fällen zum Entscheid führen, die akademische Laufbahn zu verlassen.[60]

Die mangelnde Attraktivität der wissenschaftlichen Laufbahn und der chancenungleiche Zugang äußert sich in der geringen Zahl der Habilitationen in der Rechtswissenschaft und der im Vergleich zur Promotionsstufe abnehmenden Präsenz von Frauen. Allerdings ist zu bemerken, dass die diesbezüglichen Statistiken nur Auskunft über den wissenschaftlichen Nachwuchs in der Deutschschweiz geben, da an den Westschweizer Universitäten Genf, Lausanne, Freiburg (französischsprachige Abteilung) und

---

massiven Umbau der universitären Hierarchien wird die Schweiz ihre Eliten vorwiegend aus dem Ausland einkaufen müssen, http://www.parlament.ch/d/organe-mitglieder/kommissionen/legislativkommissio-nen/kommissionen-wbk/Documents/positionspapier-vision-2020-d.pdf (8.1.2015).

59 *Buchholz/Gülker/Knie/Simon*, Attraktivität von Arbeitsbedingungen in der Wissenschaft im internationalen Vergleich: Wie erfolgreich sind die eingeleiteten wissenschaftspolitischen Initiativen und Programme?, Berlin 2009, S. III, http://www.e-fi.de/fileadmin/Studien/StuDIS2009/EFI-Bericht-WZB_rev_Febr09.pdf (12.1.2015).

60 *Leemann/Stutz*, Geschlecht und Forschungsförderung (GEFO), Studie im Auftrag des Schweizerischen Nationalfonds, Oktober 2008, S. 5 ff., http://nfp.snf.ch/D/Aktuell/Dossiers/Seiten/gleichstellungforschungsfoerderung.aspx (14.1.2015).

Neuenburg die Habilitation als wissenschaftliche Qualifikationsarbeit unbekannt ist. In der Deutschschweiz habilitierten sich in den Jahren 2004-2013 durchschnittlich jährlich nur neun Rechtswissenschaftlerinnen und -wissenschaftler, von den insgesamt 90 in diesen zehn Jahren Habilitierten waren 73 % Männer und 27 % Frauen.[61] Wenn nur die Deutschschweizer Universitäten betrachtet werden, erfolgen jährlich nur fünf Habilitationen auf 100 bestehende Professuren.[62] Nicht alle Habilitationen sind zudem vorrangig auf eine wissenschaftliche Laufbahn gerichtet, viele streben die Privatdozentur oder Titularprofessur als Erweiterung ihres Tätigkeitsfelds und Ergänzung zu ihrer praktischen Tätigkeit an, wobei die akademischen Titel auch mit einem gewissen Reputationsgewinn im außeruniversitären Umfeld verbunden sind.[63] Der Bedarf an wissenschaftlichen Nachwuchskräften kann aus all diesen Gründen im Inland nicht ganz gedeckt werden und wird denn auch zum Teil durch Berufungen von ausländischen Wissenschaftlerinnen und Wissenschaftlern befriedigt, in der Deutschschweiz vornehmlich aus Deutschland. Die Rechtswissenschaft weist allerdings mit 16 % den weitaus kleinsten Anteil von ausländischen Staatsangehörigen bei den Professuren auf.[64] Die stark durch Inländer dominierte personelle Basis ist sicherlich einer der Gründe, weshalb sich im Unterschied zu anderen Wissenschaften die meisten Schweizer Nach-

61 Bundesamt für Statistik, Habilitationen der deutschsprachigen universitären Hochschulen: 2013, Tabelle su-d-15.03.04.01.02-habil_2013, Statistisches Lexikon der Schweiz (Fn. 47).

62 Im Jahr 2013 waren an den deutschsprachigen Universitäten Basel (21), Bern (32), Luzern (28), St. Gallen (18) und Zürich (47) insgesamt 147 Professuren (Vollzeitäquivalente) besetzt. Wenn dazu noch die Hälfte der Professuren an der zweisprachigen Universität Fribourg gezählt werden (17), so sind es insgesamt 164 Professuren. Vgl. Bundesamt für Statistik, Personal der universitären Hochschulen: Basistabellen, Tabelle su-d-15.04.04.01-2013, Tab. 5g_1 Professor/innen nach Fachbereich und Hochschule, Statistisches Lexikon der Schweiz (Fn. 47).

63 Vgl. *Racine*, Die feinen Abstufungen der akademischen Titel, in: plädoyer 4/2014, S. 26 ff.

64 Bundesamt für Statistik, Panorama der Hochschulen 2010, Neuchâtel 2010, S. 27, bfs.admin.ch (10.1.2015). Im Durchschnitt aller Wissenschaften waren im Jahr 2013 an den Schweizer Universitäten 50 % aller Professuren (Vollzeitäquivalente) mit ausländischen Staatsangehörigen besetzt, wovon fast die Hälfte (43%) Deutsche waren, vgl. Bundesamt für Statistik, Personal der universitären Hochschulen: Basistabellen, Tabelle su-d-15.04.04.01-2013, Tab. 6d, Personal nach Personalkategorie und Herkunft – Entwicklung seit 2004, Tab. 6f Ausländisches Personal nach Personalkategorie, Herkunft und Hochschule, Statistisches Lexikon der Schweiz (Fn. 47).

wuchswissenschaftlerinnen und -wissenschaftler der Rechtswissenschaft – so jedenfalls der subjektive Eindruck – nicht auf den internationalen akademischen Stellenmarkt ausrichten. Wer die Unwägbarkeiten der wissenschaftlichen Laufbahn auf sich nimmt und es bis zur Habilitation schafft, hat denn auch, wie die oben erwähnten Zahlen zum Verhältnis zwischen der Zahl der Habilitationen und bestehenden Professuren zeigen, ausgezeichnete Chancen, auf einen Lehrstuhl berufen zu werden.

## *V. Die Zukunft des rechtswissenschaftlichen Doktorats*

Was sind die Perspektiven des rechtswissenschaftlichen Doktorats in der Schweiz? Ausgehend von der Prämisse, dass sich das Doktorat in einem Spannungsfeld zwischen sich wandelnden Anforderungen in der Rechtspraxis und der Wissenschaft befindet, werden im Folgenden mögliche Zielsetzungen für das juristische Doktoratsstudium vorgeschlagen.

### *1. Im Spannungsfeld zwischen sich wandelnden Anforderungen von Rechtspraxis und Wissenschaft*

Die Anforderungen der *Rechtspraxis* an die juristischen Fakultäten beziehen sich zunächst auf ihre Aufgaben als Ausbildungsstätten. So haben sie die Rolle, die Studierenden auszuwählen, die sich durch Talent und Leistungsbereitschaft auszeichnen, im Sinne der oben beschriebenen Funktion des Doktorats als Signal für überdurchschnittliches Talent und hohe Leistungsbereitschaft. Die thematische Ausrichtung und die Ausbildungsinhalte des Doktorats müssen dabei wie oben erwähnt nicht notwendigerweise mit der zukünftigen beruflichen Aufgabe übereinstimmen.[65]

Die abnehmenden Zahlen der Doktorierenden weisen allerdings darauf hin, dass immer weniger Studierende auf diesen Signaleffekt vertrauen und dieser auch in der Praxis nicht mehr die gleiche Wirkung hat.[66] Dies hängt auch mit den zunehmenden Anforderungen an eine fachliche Spezialisierung zusammen. Dieser Nachfrage begegnen die Universitäten mit dem Angebot von Nachdiplomstudiengängen, wie den spezialisierten

---

65 S. oben IV.

66 Vgl. auch die Erfahrungsberichte aus der Praxis in: *Zehnder*, Doktortitel auf dem Abstellgleis, in: plädoyer 6/2011, S. 30 ff.

Masterprogrammen (LL.M.) oder den gemeinsam mit dem Schweizerischen Anwaltsverband ausgerichteten Fachanwaltsausbildungen.[67] Gleichzeitig gilt heute der Abschluss eines LL.M.-Studiums an einer Universität in den USA oder Großbritannien als Eintrittskarte für eine erfolgreiche Karriere in den international tätigen größeren Schweizer Wirtschaftskanzleien,[68] worin sicherlich ein weiterer Grund für die Abnahme des Interesses am Doktorat liegt.

Durch Entwicklungen im Bereich des Weiterbildungs- und Publikationsmarkts wird weiterhin eine stärkere Orientierung auf die unmittelbare Verwertbarkeit von Wissen gefördert. Juristische Fakultäten gehören zu den wichtigsten Anbietern im wachsenden juristischen Weiterbildungsmarkt der Schweiz.[69] In gewissen Rechtsgebieten dürften sie wohl die Marktführerinnen bilden. Doktorierende und selbst junge Doktorierte werden noch nicht als Referentinnen und Referenten einbezogen, da im hierarchisch strukturierten Rechtskontext erst mit Autorität sprechen darf, wer eine bestimmte Position auf der universitären (mindestens Assistenzprofessur) oder außeruniversitäten Karriereleiter erreicht hat. Sie sind aber als Assistierende und wissenschaftliche Mitarbeitende in die Ausarbeitung von Tagungsbeiträgen involviert. Die juristischen Fachverlage betreiben zudem eine immer aktivere Publikationspolitik und bewirtschaften einen zunehmenden Bedarf nach immer mehr Gesetzeskommentaren, immer spezialisierteren Zeitschriften und möglichst zeitnah verfügbaren Urteilsbesprechungen. Doktorierenden und jungen Doktorierten bietet sich dadurch die Gelegenheit, bereits früh durch kürzere und praxisorientierte Publikationen in die Öffentlichkeit zu treten.

Auf der anderen Seite hat sich auch das *weitere wissenschaftspolitische Umfeld* verändert. Der Wandel ist in der Schweiz wie in ganz Europa gekennzeichnet durch das Bemühen der Universitäten um eine inhaltliche Schwerpunktbildung, das Streben nach internationaler Konkurrenzfähigkeit und nach Relevanz der universitären Wissensproduktion für Staat, Wirtschaft und Gesellschaft. Auch die juristischen Fakultäten werden innerhalb ihrer Universitäten dazu aufgefordert, diese Bemühungen mit zu tragen. Die oben beschriebene Reform der Doktoratsausbildung im Zug

---

67 Vgl. http://fachanwalt.sav-fsa.ch/ (3.1.2015).

68 *Stöckli*, Ein LL.M. aus dem Ausland ist wertvoller, in: plädoyer 2/2010, S. 38 ff.

69 Vgl. die Einträge im führenden Veranstaltungskalender : http://www.weblaw.ch/competence/services/agenda/aktuell.html (8.1.2015).

von „Bologna III“ ist ebenfalls im Kontext dieser Entwicklungen zu sehen.

Die an den juristischen Fakultäten tätigen Wissenschaftlerinnen und Wissenschaftler nehmen die Erwartungen von Rechtspraxis und Wissenschaftssystem insofern als Spannungsfeld wahr, als diese mit zum Teil widersprüchlichen Anforderungen verbunden sind: Wer sich auf die wachsende Nachfrage nach der Produktion von Anwendungswissen einlässt, sei es in Form von Referaten an Weiterbildungstagungen oder von in immer kürzerer Zeit produzierten, an die Praxis gerichteten Publikationen, erfüllt zwar nicht nur die Bedürfnisse der Rechtspraxis, sondern in gewisser Weise auch diejenigen des Wissenschaftssystems, insofern als die in diesem Rahmen erfolgende Wissensproduktion eine hohe Relevanz für die außeruniversitäre Öffentlichkeit hat. Andere Erwartungen können dabei aber nicht erfüllt werden: Die anwendungsorientierte Variante von Rechtswissenschaft entspricht nicht der gängigen Definition erfolgreicher Forschung, die stark durch Kriterien geprägt ist, die in den Naturwissenschaften und der Medizin gelten: Weder werden Beiträge in internationalen, *peer-reviewed journals* mit hohem *impact factor* veröffentlicht, noch Drittmittelprojekte im großen Stil eingeworben, noch entstehen Kooperationen mit anderen Disziplinen und Universitäten des In- und Auslands.

Am Besten können die wissenschaftsinternen Erwartungen von den international und interdisziplinär orientierten Fächern innerhalb der Rechtswissenschaft erfüllt werden, weshalb es auch nicht überrascht, dass diese die Entwicklung strukturierter Doktoratsprogramme in die Hand genommen haben. Die an den bestehenden Programmen beteiligten Fächer Europa- und Völkerrecht, Medizinrecht, Ethik, Rechtsvergleichung, Rechtsethnologie, Rechtssoziologie, Rechtsphilosophie, Rechtsgeschichte und Rechtstheorie sind die juristischen Felder, die sich durch Teilnahme an einem internationalen wissenschaftlichen Diskurszusammenhang oder die Rezeption von Wissen aus anderen Wissenschaftszweigen auszeichnen. Es findet also eine gewisse Übereinstimmung zwischen wissenschaftspolitischen Erwartungen und fachspezifischen Interessen statt. So bestehen in diesen Fächern bereits interdisziplinäre, interfakultäre und auch internationale Vernetzungen, die für die Entwicklung von strukturierten Doktoratsprogrammen wie auch der Beantragung von Beiträgen der Förderinstitutionen für die Finanzierung der Forschungsarbeit der Promovierenden genutzt werden können.

## 2. Mögliche konkrete Zielsetzungen für das juristische Doktoratsstudium

Die Grundlage der weiteren Entwicklung sollte deshalb die Formulierung von konkreten Zielsetzungen für ein juristisches Doktoratsstudium sein, das seiner Doppelrolle als erster Schritt einer wissenschaftlichen Laufbahn auf der einen und als Qualifizierung für anspruchsvolle juristische Tätigkeiten im außeruniversitären Bereich auf der anderen Seite gerecht wird. Sinnvoll erscheint die Anknüpfung an die im Positionspapier der Schweizer Universitäten formulierten allgemeinen Ziele: Entwicklung wissenschaftlicher Kompetenz; Erwerb fachlicher, methodischer und transversaler Kenntnisse und Kompetenzen, wissenschaftliche Sozialisation und Netzwerkbildung.[70]

### a) Doktorat als erster Schritt einer wissenschaftlichen Laufbahn

Um seine Funktion als erster Schritt einer wissenschaftlichen Laufbahn zu erfüllen, muss im Rahmen des Doktoratsstudiums die hohe Qualität der Dissertationen gesichert werden und die für den akademischen Erfolg zentrale Netzwerkbildung gelingen.

Qualitätsfördernd ist der laufende Austausch über die konkreten Projekte, der bereits heute in den Doktoratsprogrammen in Kolloquien und Seminaren, unter den Doktorierenden, mit den beteiligten Professorinnen und Professoren und mit externen Expertinnen und Experten stattfindet. Wird die Planung und Durchführung des Begleitprogramms auch von den Studierenden mitgetragen, werden sie fachlich noch stärker herausgefordert und sammeln darüber hinaus Erfahrungen in der Organisation von wissenschaftlichen Veranstaltungen.

Darüber hinaus sollte der in Ansätzen bereits begonnene Paradigmenwechsel hin zum „early-stage-researcher-Modell“ vollzogen werden.[71] Der notwendige Wandel geht tief und betrifft die Struktur der Rechtswissenschaft, denn er bedingt die Verflachung von Hierarchien: Doktorierende und junge Doktorierte müssen die Gelegenheit erhalten, sich an fachöffentlichen Tagungen und Konferenzen gleichberechtigt neben Professorinnen und Professoren am wissenschaftlichen Diskurs zu beteiligen und mit ihren Forschungsresultaten gehört zu werden. Dadurch wird ihre Sichtbar-

70 Vgl. oben II.
71 Vgl. oben III.

keit und Vernetzung verbessert, was nicht zuletzt zur Chancengleichheit aller Doktorierenden beiträgt, unabhängig von Geschlecht,[72] sozialer Herkunft und Nationalität. Viele der zur Zeit auch im Rahmen neuer strukturierter Doktoratsprogramme angebotenen Ausbildungsmodule sind aber nach wie vor den bestehenden Strukturen verhaftet. Sie sehen für die Doktorierenden vorrangig die Rolle der Empfänger von Inhalten vor, die von etablierten Wissenschaftlerinnen und Wissenschaftlern vermittelt werden. Hier muss ein Umdenken stattfinden.

Zusätzlich empfiehlt es sich, durch Forschungsaufenthalte im Ausland und internationale Kooperationen innerhalb der Doktoratsprogramme auch die internationale Vernetzung der Doktorierenden und die Erweiterung ihrer fachlichen Kenntnisse auf den global geführten rechtswissenschaftlichen Diskurs zu erweitern. Dadurch wird der Zugang zum internationalen akademischen Stellenmarkt eröffnet und die mit der schmalen Stellenbasis in der Schweiz verbundene Unsicherheit der wissenschaftlichen Laufbahn abgeschwächt.

Die Reform der Doktoratsausbildung ist allerdings erst dann wirklich gelungen, wenn sie von einer Verbesserung der Perspektiven für promovierte Nachwuchsforschende auch an den Schweizer Universitäten begleitet wäre: Die von zahlreichen wissenschaftspolitischen Organisationen angemahnte Einrichtung einer größeren Zahl unbefristeter Stellen für den akademischen Mittelbau nach dem Doktorat und unterhalb der Professur würde die Attraktivität des Doktorats steigern, eine größere Zahl von Talenten an die Universitäten binden, die Chancengleichheit von Frau und Mann und den Zugang für Nachwuchsforschende mit Kindern verbessern.[73]

### b) Doktorat als Qualifikation für außeruniversitäre Tätigkeiten

Im Hinblick auf das Doktorat als Vorbereitung auf eine außeruniversitäre Tätigkeit sollte über Möglichkeiten zur Verbesserung der Übereinstimmung von Ausbildungsinhalten und beruflichen Anforderungen nachgedacht werden. So erscheint die bisherige Beschränkung der Doktoratspro-

72 Mangelnde Sichtbarkeit und Vernetzung wurde von der Studie „Geschlecht und Forschungsförderung" als wichtiges Gleichstellungshindernis identifziert, vgl. *Leemann/Stutz* (Fn. 60), S. 5 ff.

73 Vgl. die in den Fn. 57 und 58 zitierten Stellungnahmen.

gramme auf wissenschaftsnahe juristische Fächer keineswegs als zwingend: Strukturierte Doktoratsprogramme könnten auch genutzt werden, um den Verlust der Attraktivität des Doktorats als Qualifizierung für anspruchsvolle juristische Tätigkeiten in Verwaltung, Gerichten, Anwaltskanzleien, Privatwirtschaft oder internationalen Organisationen wett zu machen. Möglicherweise würden die Ergebnisse einer Befragung heute, nach Einführung der strukturierten Doktoratsprogramme, bereits besser ausfallen als in der oben erwähnten Studie der Universität Bern,[74] es ist aber davon auszugehen, dass nach wie vor Verbesserungspotential besteht.

Keineswegs soll hier der Notwendigkeit der kritiklosen Befriedigung der Nachfrage nach unmittelbar anwendbarem Wissen das Wort geredet werden. Im Gegenteil gilt es, die Universität als Ort der rechtswissenschaftlichen Reflexion frei von konkreten wirtschaftlichen, gesellschafts- oder standespolitischen Interessen zu verteidigen.

Zunächst müssen vermehrt Kompetenzen gefördert werden, die sich auf verschiedene berufliche Kontexte übertragen lassen. Das bisher gepflegte Idealbild der in der Bibliothek oder im Assistentinnenbüro eingebunkerten Doktorandin, deren einziger Gesprächspartner ihr wissenschaftlicher Betreuer ist, ist nicht nur im Hinblick auf den akademischen Erfolg problematisch, sondern bereitet auch schlecht auf die aktuellen Anforderungen der juristischen Berufspraxis vor. In den meisten beruflichen Kontexten müssen (promovierte) Juristinnen und Juristen im Team arbeiten, oftmals in einer Führungsrolle, müssen mit Vertreterinnen und Vertretern anderer Disziplinen kommunizieren können und sich auch auf internationalem Parkett zurechtfinden. Die Doktoratsausbildung kann alle diese Kompetenzen fördern. Gleichzeitig muss darüber nachgedacht werden, welchen Stellenwert die Doktoratsausbildung für die Bildung von Führungspersönlichkeiten einnehmen soll, welche wissenschaftlichen und berufsethischen Maßstäbe gesetzt werden sollen.

### c) Vorteile und Chancen der doppelten Ausrichtung

Die doppelte Ausrichtung an wissenschaftlicher und außeruniversitärer Karriere bedeutet nicht, dass eine Zweiteilung der Doktoratsausbildung stattfinden muss. Das Festhalten an einem einheitlichen Doktorat für alle

74 Oben IV.2.

birgt verschiedene Vorteile und Chancen: Erstens wird die Durchlässigkeit der Karrieren gefördert, d.h. ein Wechsel von individuellen Karrierezielen ist jederzeit möglich, was Handlungsoptionen erweitert. Zweitens findet eine Verknüpfung von Wissenschaft und Praxis statt, von der beide Seiten profitieren können: Nachwuchswissenschaftlerinnen und -wissenschaftler werden in einer Wissenschaftskultur sozialisiert, der es gelingt, den Dialog mit der Praxis zu führen und dadurch die Relevanz der eigenen Forschungstätigkeit zu sichern. Später oder bereits während des Doktoratsstudiums praktisch tätige Juristinnen und Juristen lernen die Universitäten und Rechtsfakultäten als Räume der juristischen Reflexion und Innovation schätzen.

## *VI. Zusammenfassung*

Die Bologna-Reform sieht das Doktorat als dritte Stufe des Studiums vor, nach Bachelor und Master. Viele Universitäten der Schweiz haben die Gelegenheit ergriffen, im Zuge von „Bologna III" längst fällige Reformen des Doktorats einzuführen. Das bisher im internationalen Vergleich wenig strukturierte Promotionsstudium wird aktuell zunehmend abgelöst durch das Angebot von Doktoratsprogrammen. Mittels spezieller Förderinstrumente unterstützen die Universitäten und Institutionen der Forschungsförderung die Einführung solcher Angebote. Von Bedeutung sind zudem auf die Förderung der Chancengleichheit von Frauen und Männern gerichtete gesamtschweizerische Programme, die sich insbesondere an Doktorierende richten. Die juristischen Fakultäten nutzen die neuen Instrumente und haben insbesondere im Bereich des internationalen Rechts, der Grundlagenfächer und der interdiszplinär orientierten Rechtsgebiete verschiedene strukturierte Doktoratsprogramme entwickelt. Es sind zaghafte Ansätze eines Paradigmenwechsels vom „Meister-Schüler-" zum „early-stage-researcher"-Modell des Doktorats zu erkennen. Die Hochschulstatistik und -forschung weist zwar auf ein abnehmendes Interesse am rechtswissenschaftlichen Doktorat hin, zeigt aber, dass nach wie vor die Berufsaussichten der Promovierten insbesondere im außeruniversitären Bereich ausgezeichnet sind. Die Promovierten der Rechtswissenschaft berichten allerdings über eine im Vergleich mit anderen Wissenschaften besonders schlechte Übereinstimmung von Ausbildungsinhalten und späterer beruflicher Tätigkeit. Von der Hochschulforschung wird zudem für die Schweiz eine – über alle Wissenschaftsbereiche hinweg – im internationalen Vergleich besonders große Unsicherheit der wissenschaftlichen Karriere beschrieben, die mittlerweile auch von den hochschulpolitischen Akteuren erkannt wurde. Für die zukünftige Entwicklung schlägt der Beitrag vor, klare Zielsetzungen für das Doktoratsstudium zu formulieren, die seiner Doppelrolle als erster Schritt einer wissenschaftlichen Laufbahn auf der einen und der Qualifizierung für anspruchsvolle juristische Tätigkeiten im außerunversitären Bereich auf der anderen Seite gerecht wird. Empfohlen wird für den ersten Bereich der Vollzug des Paradigmenwechsels zum „early-stage-researcher-Modell", in dem die gleichberechtigte Teilhabe am rechtswissenschaftlichen Diskurs und die Bildung von Netzwerken im Vordergrund steht. Für den zweiten Bereich wird das Bemühen um stärkere Ausrichtung an den beruflichen Anforderungen in anspruchsvollen juristischen Tätigkeiten anhand der Förderung übertragbarer Kompetenzen und einer Stärkung des Dialogs zwischen Rechtswissenschaft und Rechtspraxis empfohlen.

# Forschungsorientierung als didaktische Leitidee – Studienstufen als curriculare Strukturierungen

*Peter Tremp*

In der zweiten Hälfte des 18. Jahrhunderts zeichnet sich immer deutlicher ein tiefgreifender Wandel der Universitäten, ihrer traditionellen Strukturen und bisherigen Funktionen ab. *Kants* Schrift „Streit der Fakultäten" (1798) kann als Beispiel dienen, wenn er der unteren – eben: Philosophischen – Fakultät die oberen Fakultäten, nämlich die Theologische, Juristen- und die Medizinische Fakultät, gegenüberstellt. Die Philosophische Fakultät sei – so *Kant* – allein der „Wahrheit der Lehren, die sie aufnehmen ... soll", verpflichtet und kann insofern „als frei und nur unter der Gesetzgebung der Vernunft, nicht der Regierung stehend gedacht werden"[1]. Das unterscheide diese Philosophische Fakultät von den oberen drei Fakultäten. Diese nämlich seien nicht der Vernunft, sondern einer gesellschaftlichen Nützlichkeit und die Absolventen einigen spezifischen geltenden Prinzipien verpflichtet: Der Jurist beispielsweise dem „öffentlich gegebenen und höchsten Orts sanktionierten Gesetzbuch"[2]. Zwar kenne auch die Philosophische Fakultät ihre Nützlichkeit, aber es ist eine „philosophische Nützlichkeit". Diese ist aber deshalb so bedeutsam, – so *Kant* – „weil auf Wahrheit alles ankommt"[3].

Diese „Revolte gegen die Unterordnung der Artistenfakultät unter die oberen Fakultäten"[4] zeigt auch Folgen für die oberen Fakultäten: Diese übernehmen zwar das Prinzip der „forschungsbasierten Wahrheit", verbinden diese aber mit „einer an funktionaler Expertise orientierten akademischen Berufsausbildung"[5]. Damit unterscheiden sich die verschiedenen

1 *Kant*, Der Streit der Fakultäten, in: *ders.*, Schriften zur Anthropologie, Geschichtsphilosophie, Politik und Pädagogik, hrsg. von Weischedel, Frankfurt 1988, S. 290.

2 *Kant*, Der Streit der Fakultäten (Fn. 1), S. 287.

3 *Kant*, Der Streit der Fakultäten (Fn. 1), S. 290.

4 *Lundgren*, Promotionen und Professionen, in: Schwinges (Hrsg.), Examen, Titel, Promotionen. Akademisches und staatliches Qualifikationswesen vom 13. bis zum 21. Jahrhundert, Basel 2007, S. 353.

5 *Lundgren*, Promotionen und Professionen (Fn. 4), S. 353.

Studiengänge an Universitäten teilweise deutlich in ihrem jeweiligen Berufsbezug sowie – damit zusammenhängend – in den mit einem Studienabschluss erworbenen Berechtigungen.

## *I. Forschungsorientierung und Berufsbezug*

Hochschulstudiengänge lassen sich in drei Typen unterteilen: Ein erster Typus zielt auf die „klassischen" Professionen (vor allem Medizin, Juristerei und mit Abstrichen auch Lehrämter) und bereitet also auf die schon im 19. Jahrhundert staatlich regulierten akademischen Berufe vor. Ein zweiter Typ führt in zwar verschiedene, aber vorab einigermaßen klar beschreibbare, auf die Fachkenntnisse des Studiums bezogene Tätigkeitsfelder (Wirtschaftswissenschaften, Ingenieurwesen oder Sozialpädagogik). Der dritte Typ (beispielsweise Soziologie) will insbesondere eine wissenschaftliche Bildung vermitteln, konkrete Berufsfelder sind häufig nicht zugeordnet, berufliche Zielvorstellungen müssen im Studium individuell erarbeitet werden.[6]

Diese verschiedenartigen Berufsbezüge sind je kombiniert mit einer Forschungsorientierung. Gerade im Vergleich mit Konzepten der Berufslehre lassen sich die Absichten und Begründungen einer *forschungsorientierten Beruflichkeit* verdeutlichen, wie sie an Hochschulen verortet sind: Hier wird eine gewisse Distanz zur beruflichen Praxis vorstrukturiert und eine distanzierte Reflexion dieser Praxis ermöglicht – und damit auch eine gedankliche Vorwegnahme von Innovationen und Optimierungen.

Damit hängt ein weiterer Aspekt zusammen: Die Distanzgewinnung wird durch das abstrakte disziplinäre Wissen und seine Begrifflichkeit verstärkt. Durch Forschung und Wissenschaftlichkeit wird gleichzeitig aber auch eine Nähe gewonnen: Es wird genau hingeschaut und sorgfältig geprüft. Mit diesem Verweis auf das Problem von Nähe und Distanz ist ein Kennzeichnen professionsorientierter akademischer Bildung beschrieben:

---

6 Bei diesen drei Typen von Studiengängen beziehe ich mich auf ein unveröffentlichtes Manuskript von *Martin Gripentrog*. Die Unterschiede zwischen diesen drei Typen zeigen sich auch beispielsweise in der Absolventinnen- und Absolventenbefragung des Schweizer Bundesamts für Statistik. Hier wird beispielsweise gefragt, inwiefern eine Übereinstimmung bestehe zwischen den im Studium erworbenen und den nun im Beruf geforderten Kompetenzen. Und hier zeigen sich dann ebenfalls unterschiedliche Muster, je nach Fachbereichsgruppen. Bei Medizin und Pharmazie die größte Übereinstimmung, am Schluss der Rangliste die Geisteswissenschaften.

Denn bin ich zu nahe am berufspraktischen Tun, dann wird das Studium selber zur Praxis und leistet nicht mehr, was es leisten soll, bin ich aber zu weit weg, dann drohen die berufspraktischen Probleme aus dem Blick zu geraten.[7]

Die Kultur der Nähe und Distanz resp. der disziplinierten Neugierde ist im beruflichen Kontext insbesondere auch deshalb von Bedeutung, weil sich in wissenschaftsfundierten, also akademischen Berufsfeldern oftmals unvollständig definierte Probleme zeigen – Probleme also, die zuerst als solche interpretiert werden müssen und nicht genau abgesteckt vorliegen. Wir haben es hier mit vielen Unbestimmtheiten zu tun, welche diese Berufsfelder prägen.

Die Erwartungen der Studierenden an ihr (professionsorientiertes) Studium entsprechen allerdings bisweilen diesen Konzeptionen kaum.[8] So zeigt sich zum Beispiel, dass die Bedeutung, welche Wissenschaft und Forschung einerseits und Beruf und Arbeit andererseits zugeschrieben wird, sich je nach Hochschultypus und Fächergruppe deutlich unterscheiden kann: Innerhalb der universitären Fächergruppen zeigen die Rechtswissenschaften die niedrigsten Werte, was die Wichtigkeit von Wissenschaft/Forschung betrifft.

Wird nach den Erwartungen an den Ertrag eines Studiums gefragt und werden die vier Dimensionen *praktische Fähigkeiten*, *Beschäftigungsfähigkeit*, *wissenschaftliche Methoden* und *Forschungsfähigkeit* unterschieden, so zeigt sich, dass die Forschungsfähigkeit in allen universitären Fächergruppen den tiefsten Wert bezüglich Wichtigkeit erhält, dieser jedoch bei den Rechtswissenschaftlern am niedrigsten ausfällt. Wenn also *Forschungsorientierung* ein zentrales Charakteristikum von Hochschulen und akademischer Bildung ist, so trifft sie nicht selbstverständlich die Erwartung der Studierenden an ihr Studium.

Unter dem – uneinheitlich verstandenen – Begriff der *Employability* wird der Berufsbezug der verschiedenen Studiengänge in den letzten Jahren verstärkt diskutiert: Bologna-Studiengänge sind mit dem Anspruch konfrontiert, diesen Berufsbezug zu explizieren – und dabei auch die (neue) Stufung des Studiums zu berücksichtigen.

7 Vgl. beispielsweise *Markowitsch*, Praktisches akademisches Wissen, Wien 2001.

8 *Multrus*, Forschung und Praxis im Studium, Befunde aus Studierendensurvey und Studienqualitätsmonitor, hrsg. vom Bundesministerium für Bildung und Forschung (BMBF), Bonn, Berlin 2012, insbesondere S. 15 und S. 21.

## *II. Studienstufen und Bologna-Reform*

Mit der Bologna-Reform wurde insbesondere das Studium in Stufen gegliedert.[9] Zwar kannten bereits viele Studiengänge curriculum-interne Stufungen, doch mit den beiden Graden *Bachelor* und *Master* wurde auch eine formale Unterteilung geschaffen, die fachunabhängig gelten soll. Dieses Zwei-Stufen-Modell ist denn auch ein Kern der Bologna-Reform.

Stufungen betonen vertikale, d.h niveaumäßige Differenzen, so dass diese auch inhaltlich definiert werden müssen. In der Bologna-Diskussion werden diese Differenzen insbesondere anhand der sogenannten Deskriptoren abgebildet („Dublin-Deskriptoren"): Hier werden Kompetenzkategorien genannt, welche sich mit niveauspezifischer Konkretisierung je den Studienstufen resp. Studienabschlüssen zuweisen lassen. Die einzelnen Länder sind dann gehalten, die Deskriptoren je ihrem Bildungssystem entsprechend auszuarbeiten.

Die Doktoratsstufe war nicht Gegenstand der Bologna-Deklaration und ist erst vier Jahre nach deren Unterzeichnung auf die Agenda des Bologna-Prozesses gesetzt worden. Im Berlin-Communiqué der Bildungsminister (September 2003) wird die Doktoratsstufe als dritte Studienstufe zum ersten Mal erwähnt und damit – nicht unbestritten – in den Bologna-Prozess integriert. Daran anschließend haben die Universitäten sich der Thematik angenommen und ihre Position beispielsweise in der Glasgow Declaration der European University Association (EUA) von 2005 dargelegt.

Trotz der anfänglichen Kritik aus den Universitäten wurde die Doktoratsstufe mit Deskriptoren beschrieben, welche die Unterschiede zu den vorangehenden Stufen verdeutlichen. Dabei wird insbesondere eine eigene Forschungsleistung ins Zentrum gerückt und diese mit überfachlichen Kompetenzen verbunden. In den Formulierungen der Rektorenkonferenz der Schweizer Universitäten[10] heißt es beispielsweise, dass die „Abschlüsse der dritten Stufe ... an Personen verliehen" würden, welche ihre Kompetenzen in verschiedenen Feldern gezeigt haben. Zu diesen Feldern gehö-

---

9 Zur Bologna-Reform liegen verschiedene Vereinbarungen, Empfehlungen, Berichte und Gutachten vor. Einen guten Einstieg bieten insbesondere die Webseiten der Hochschulrektorenkonferenz HRK (www.hrk.de) oder der Rektorenkonferenz der Schweizer Hochschulen (http://www.swissuniversities.ch/) (28.8.2015).

10 Vgl. CRUS (Rektorenkonferenz der Schweizer Universitäten), Qualifikationsrahmen Doktorat, www.swissuniversities.ch/de/hochschulraum/qualifikationsrahmen (28.8.2015).

ren *Wissen und Verstehen* („ein systematisches Verstehen eines Studienbereichs und die Beherrschung der mit diesem Bereich assoziierten Fertigkeiten und Methoden in der Forschung"), *Anwendung von Wissen und Verstehen* („die Fähigkeit ..., einen substanziellen Forschungsprozess mit wissenschaftlicher Integrität zu konzipieren, gestalten, implementieren und adaptieren … originäre Forschung, die die Grenzen des Wissens durch die Entwicklung substantieller Forschungsarbeiten erweitert, die es verdienen, zumindest in Teilen gemäß dem üblichen Standard national oder international publiziert zu werden"), *Urteilen* („kritische(r) Analyse, Evaluation und Synthese neuer und komplexer Ideen"), sowie *kommunikative Fertigkeiten und Selbstlernfähigkeit.*

Mit einer forschungsorientierten Doktoratsstufe als dritter Studienstufe ist allerdings die Frage verbunden, wie diese mit *Beruflichkeit* verknüpft ist. Oder konkreter: Warum eigentlich soll ein Studium mit dieser dritten Stufe ergänzt werden, wenn die studentischen Erwartungen mehrheitlich im beruflich-handwerklichen Bereich liegen? Umgekehrt kann die Doktoratsstufe zur Konkretisierung einer pointierten Forschungsorientierung werden – und damit auch als Anregung für die Konzipierung der vorangehenden Studienstufen Verwendung finden. Bedeutsam sind zudem didaktische und insbesondere curriculare Fragen: Welche Voraussetzungen müssen erfüllt sein, um diese *originäre Forschungsleistung* auf der Doktoratsstufe auch tatsächlich erbringen zu können?

Im Folgenden wird Forschungsorientierung als curriculare Frage aufgenommen. Es wird erörtert, wie sich Forschungsorientierung realisieren lässt und wie bereits die Bachelor- und Masterphase forschungsorientiert gestaltet sein können.

## *III. Forschungsorientiertes Studium*

Hochschulen sind Einrichtungen, die verschiedene Aufgaben miteinander verknüpfen. Für Lehre und Studium ist damit insbesondere eine pointierte Forschungsbasierung und -orientierung verbunden. Dies wird bereits in der traditionellen Formel der *Verknüpfung von Forschung und Lehre* deutlich, mit welcher rasch oberflächliches Einverständnis erzeugt wird, die aber in der konkreten Realisierung oftmals diffus bleibt.[11]

Dieses oberflächliche Einverständnis wird insbesondere mit dem – ebenso diffusen – Rekurs auf das „Argument Humboldt" unterstützt und die Besonderheit der Universität betont. Tatsächlich unterscheidet sich für *Humboldt* die Universität von den vorangehenden Stufen des Bildungssystems – Elementarunterricht und Schulunterricht – gerade dadurch, dass hier eben keine „Lehrer" tätig sind. „Wenn also der Elementarunterricht den Lehrer erst möglich macht, so wird er durch den Schulunterricht entbehrlich. Darum ist auch der Universitätslehrer nicht mehr Lehrer, der Studierende nicht mehr Lernender, sondern dieser forscht selbst, und der Professor leitet seine Forschung und unterstützt ihn darin."[12]

Damit zeigen sich zwei Aspekte als besondere Charakteristika: Hochschullehrerinnen und -lehrer stehen in einem besonderen Verhältnis zum Stoff der Lehre, denn sie sind an der Generierung dieses Stoffes beteiligt, wobei dieser Stoff prinzipiell diskussionswürdig bleibt. Und: Der Student wird bereits als (künftiger) Kollege angesprochen, gewissermassen als Novize in einer Scientific Community.

Einige didaktische Konzepte greifen diese Überlegungen auf. Am bekanntesten im deutschen Sprachraum sind sicherlich die Konzepte des Forschenden Lernens. Mit der Definition von *Ludwig Huber* meint *Forschendes Lernen*, „... dass die Lernenden den Prozess des Forschungsvorhabens, das auf die Gewinnung von auch für Dritte interessanten Erkenntnissen gerichtet ist, in seinen wesentlichen Phasen ... (mit)gestalten, erfahren und reflektieren."[13]

---

11 *Eugster*, Die Einheit von Forschung und Lehre, in Weil/Schiefner/Eugster/Futter (Hrsg.), Aktionsfelder der Hochschuldidaktik: Von der Weiterbildung zum Diskurs, Münster 2011, S. 237-250.

12 *Humboldt*, Ueber die mit dem Koenigsbergischen Schulwesen vorzunehmenden Reformen, in: *ders.*, Schriften zur Politik und zum Bildungswesen Band IV, hrsg. von Flitner und Giel, Darmstadt 1964, S. 170.

13 *Huber*, Die weitere Entwicklung des Forschenden Lernens, in: Huber/Kröger/Schelhowe (Hrsg.), Forschendes Lernen als Profilmerkmal einer Universität. Beispiele aus der Universität Bremen, Bielefeld 2013, S. 23.

## *1. Realisierungsformen einer Forschungsorientierung im Studium*

*Forschendes Lernen* kann als eine Realisierungsform einer Verknüpfung von Forschung und Lehre und damit eines forschungsorientierten Studiums verstanden werden. Hier wird insbesondere der Prozess der systematischen Erkenntnisgewinnung mit allen Regeln der Kunst resp. der Disziplin ins Zentrum gerückt.

Andere Konzepte orientieren sich an ergänzenden Überlegungen. So hat beispielsweise *Levy* eine Einteilung vorgelegt, die zwei Fragen stellt: Stellt die Dozentin oder der Student die Forschungsfrage? Und: Wird neues Wissen generiert oder bestehendes Wissen recherchiert?[14]

Mit dieser Einteilung werden vier Möglichkeiten und Realisierungsformen einer Forschungsorientierung unterscheidbar, die sich zwischen Recherchearbeit und der Generierung neuen wissenschaftlichen Wissens bewegen. Insbesondere wird dabei der Begriff der Autorschaft ins Zentrum gerückt: Hinter den Forschungsfragen, ihrer Bearbeitung und ihren Ergebnissen stehen Forscherinnen und Forscher, die als Personen dafür einstehen. Dies bezieht sich nicht nur auf die in letzter Zeit häufiger diskutierten Fragen wissenschaftlicher Redlichkeit resp. ihrer Fehlformen, sondern auch auf die Originalität der Überlegungen, der Konzepte und eben auch der Themenwahl.

Die Gegenüberstellung von „student led“ und „staff led“ (so die Begrifflichkeit von *Levy*, mit der sie unterscheidet, wer die Frage stellt) macht darauf aufmerksam, dass Forschung in einem didaktischen Zusammenhang thematisiert wird: Forschung ist eine komplexe Tätigkeit, die zum Zwecke des Studiums und der Einübung in verschiedene Elemente unterteilt werden kann. Und gleichzeitig bleibt berücksichtigt, dass Forschung eine bestimmte Eigenständigkeit der Forschenden voraussetzt.

Eine andere Systematik haben *Jenkins* und *Healey* vorgelegt, welche gleichzeitig unterschiedliche Absichten und Ansprüche von Forschungsorientierung verdeutlicht.[15] Die Einteilung berücksichtigt zum einen die Aktivität der Studierenden (Forschung rezipierend oder aktiv in die Auseinandersetzung involviert), zum anderen die Schwerpunktsetzung (Forschungsinhalt oder Forschungsprozess).

---

14 *Levy*, zitiert nach *Healey/Jenkins*, Developing undergraduate research and inquiry, 2009, http://www.heacademy.ac.uk/assets/documents/resources/publications/developingundergraduate_final.pdf (20.6.2014).

15 *Healey/Jenkins*, Developing undergraduate research and inquiry (Fn. 14).

Auch hier werden vier mögliche Realisierungsformen eines forschungsorientierten Curriculums unterschieden, wobei die eine Form dem *Forschenden Lernen* weitgehend entspricht, wohingegen eine weitere Form sich stark an traditionellen Universitätsvorlesungen zu orientieren scheint. Damit wird aber auch gezeigt, dass traditionelle Lehrveranstaltungen sehr wohl forschungsorientiert sein können. Solche Systematiken sind nützliche Instrumente, um Curricula und Lehrveranstaltungen in ihren Ansprüchen zu ordnen und Forschungskompetenzen zu unterscheiden.

## *2. Das „Zürcher Framework"*

Auch das „Zürcher Framework"[16] beabsichtigt, Forschungsorientierung zu konkretisieren und damit Orientierung und Ordnung in curriculare Überlegungen zu bringen. Dabei werden drei Ebenen unterschieden: Lehrveranstaltungen, Studienprogramme und Hochschule. Mit der Unterscheidung in diese drei Ebenen wird es dann auch möglich, unterschiedliche Verantwortlichkeiten zu bezeichnen und damit die Aufgaben der beteiligten Akteure zu klären.

Im Zentrum stehen Forschungsaktivitäten von Studierenden, welche als zentrale Studienaktivitäten beschrieben werden. Diese werden mit Leistungsnachweisen, Lehrformaten etc. verbunden und – auf der Ebene von Studiengängen – mit der Choreografie von Studienprogrammen. Zudem wird danach gefragt, wie eine Hochschule als Bildungseinrichtung und Studienumgebung diese Forschungsorientierung des Studiums anregen und unterstützen kann.

16 *Tremp/Hildbrand*, Forschungsorientiertes Studium – universitäre Lehre, in: Brinker/Tremp (Hrsg.), Einführung in die Studiengangentwicklung, Bielefeld 2012.

*Abbildung 1: Zürcher Framework (nach Tremp & Hildbrand 2012)*

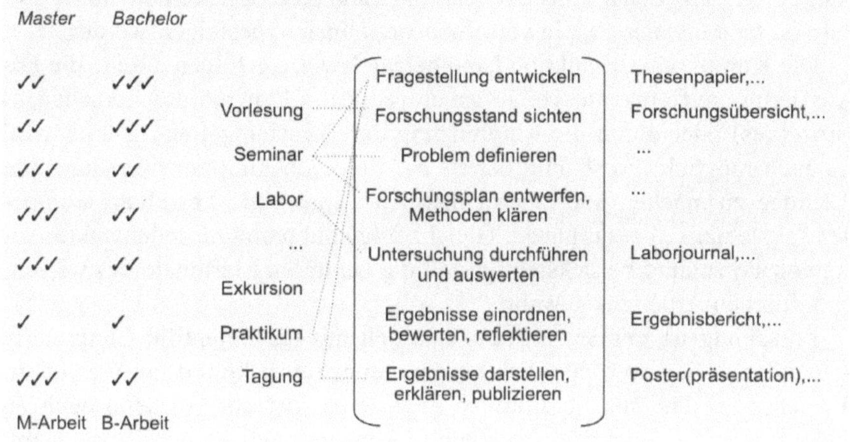


## *IV. Forschungsorientierung und Studienstufen*

Das „Zürcher Framework" macht explizit darauf aufmerksam, dass die didaktische Realisierung von Forschungsorientierung je nach Studienstufen unterschiedliche Schwerpunkte kennt. Entsprechend sind die Ansprüche einer Forschungsorientierung insbesondere in einer sorgfältigen Studiengangkonzeption zu berücksichtigen. Oder als Frage und unter Bezug auf das Konzept von *Levy* formuliert: Wie kann ein Studienaufbau gestaltet werden, der die Fragen der Studierenden an die Sache von Anfang an zulässt und sie sowohl bei der Erarbeitung einer soliden Wissensbasis als auch bei der Einübung in wissenschaftliches und forschendes Tun unterstützt?

Das „Zürcher Framework" beabsichtigt, den Studierenden während ihres Studiums genügend Möglichkeiten zu bieten, das forschende Tun als zentralen Referenzpunkt des Studiums auch tatsächlich einzuüben. Die Stufung des Studiums und also die Unterteilung in eine Bachelor-, Master- und Doktoratsphase soll dies gerade unterstützen. Studienstufen lassen sich in diesem Konzept also je unterschiedlich beschreiben, indem die verschiedenen Phasen eines Forschungsprozesses unterschiedliche Bedeutung haben. Die Einteilung in Studienstufen wird hier als Strukturierungshinweis verstanden und als Hilfe zur Bearbeitung von Komplexität von Forschungsprozessen zum Zwecke des Studiums.

Forschung ist ein komplexer, anspruchsvoller Prozess. Die Komplexität kann in verschiedener Hinsicht bearbeitet und reduziert werden, die Qualität von *forschendem Tun* in verschiedener Hinsicht gesteigert werden.

Die Komplexitätsreduktion kann beispielsweise erfolgen durch „die Fokussierung auf einzelne Teilaufgaben (einzelne Etappen des Forschungsprozesses) oder durch die Eingrenzung der Forschungsfrage. Damit wird es auch möglich, Forschung bereits bei Studienbeginn zur orientierenden Leitidee zu machen und eine schließlich umfassende Forschungskompetenz systematisch aufzubauen. Gleichzeitig sind damit Grundcharakteristika von Forschung berücksichtigt und die zentralen Merkmale des wissenschaftlichen Arbeitens gewahrt.“[17]

Forschung ist immer an den Austausch mit der Scientific Community gebunden: Hier werden Forschungsergebnisse diskutiert und validiert. Forschendes Tun ins Studium zu integrieren, hat entsprechend auch zu klären, wie die Scientific Community konzeptionell berücksichtigt wird. Auch hier zeigt sich die Bedeutung der Studienstufen: „Die *wissenschaftliche Öffentlichkeit* umfasst zwar prinzipiell alle interessierten Wissenschaftlerinnen und Wissenschaftler, wird aber in Studienzusammenhängen stufengerecht reduziert resp. kontinuierlich ausgeweitet: So beschränken sich in einer ersten Studienphase (Bachelor) Austausch und Reflexion in der wissenschaftlichen Community hauptsächlich auf den Austausch mit den Dozierenden (als selber in Forschung involvierte Repräsentantinnen und Repräsentanten der Fachgemeinschaft) und auf den Austausch mit der Peer-Gruppe (Mitstudierende). Entsprechend sind die eigenen Forschungsarbeiten (erste wissenschaftliche Erkundungen) hauptsächlich auf die eigene Studiengruppe ausgerichtet.

In einer zweiten Studienphase (Master) bilden die Mitstudierenden weiterhin eine wichtige Austausch- und Diskussionsgruppe, gleichzeitig werden nun systematische Kontakte zu einer breiteren wissenschaftlichen Öffentlichkeit etabliert: Über die Veröffentlichung eigener Forschungsbeiträge oder die Teilnahme an wissenschaftlichen Tagungen und Kongressen.

Die Doktoratsphase ist insbesondere durch ein eigenständiges Forschungsprojekt charakterisiert, das einen originären Beitrag zum wissenschaftlichen Wissen darstellt. Die Diskussionsgruppe ist hier – neben den Mitstudierenden, die weiterhin wichtige Austausche ermöglichen – die in-

---

17 *Tremp/Hildbrand*, Forschungsorientiertes Studium – universitäre Lehre (Fn. 16), S. 110.

ternationale Fachöffentlichkeit: Hier wird der Beitrag veröffentlicht, hier wird er zur Diskussion gestellt und hier muss er auch ‚verteidigt' werden."[18]

Mit der Erweiterung der Ansprüche wird eine Progression beabsichtigt, die sich nicht nur in erweiterten Aufgaben zeigt, sondern auch in einer höheren Qualität, die sich beispielsweise auf Eigenständigkeit, Transfervermögen oder Performanzstabilität beziehen kann.

Eine sorgfältige Studiengangkomposition unterstützt damit den Aufbau und die Entwicklung angestrebter Kompetenzen: Der rote Faden wird für alle Beteiligten – Studierende und Dozierende – sichtbar und erfahrbar. Die Studienstufen sind dabei eine bedeutsame Strukturierung.

## *V. Doppelte Verortung*

Professionsorientierte Studiengänge kennen eine doppelte Verortung: Forschungsorientierte Wissenschaftlichkeit und berufspraktisches Handwerk sind die beiden zentralen, miteinander verknüpften Referenzpunkte, welche durch verschiedene Logiken und Gütekriterien geprägt sind.

Entsprechend hat auch der Studienabschluss (in professionsorientierten Studiengängen meistens: Masterstufe) eine doppelte Bedeutung: Er ist zum einen ein Übergang resp. ein Einstieg in die Scientific Community (bestimmt durch spezifische Grundhaltungen etc.) und zum anderen ein Einstieg in den Beruf und die Berufsgemeinschaft (charakterisiert durch bestimmte berufsethische Standards etc.).

Die Abschlussarbeit wäre also unter (mindestens) doppelter Logik zu betrachten: Nachzuweisen sind Kompetenzen, welche sich insgesamt auf beide Referenzpunkte beziehen. Allerdings wäre genau zu klären, wie mit einer Masterarbeit denn genau was „nachgewiesen" werden soll, wieviele „Nachweise" also in einer Arbeit erbracht werden können. Ist eine Abschlussarbeit ein „Gesellenstück", dann wäre zu prüfen, wessen Geselle dieser Student und diese Studentin werden soll und was mit der Abschlussarbeit genau dokumentiert sein soll.[19]

---

18 *Tremp/Hildbrand*, Forschungsorientiertes Studium – universitäre Lehre (Fn. 16), S. 110-111.

19 Vgl. *Markowitsch/Rosenberger*, Die akademische Abschlussarbeit in der Lehrerinnen- und Lehrerbildung, in: Beiträge zur Lehrerbildung 31 (2013), S. 333-344.

Zudem ist damit die Frage verbunden, welche Voraussetzungen genau gelten für die verschiedenen Laufbahnoptionen, die sich nach einem Studium stellen: Hier forschende Hochschulpraxis, da beruflich-handwerkliche Praxis.

Allerdings zeigt sich auch: Der Einstieg in die Doktoratsstufe als „dritte Studienstufe" kann – ebenso wie ein Studium – mit unterschiedlichen Erwartungen verbunden sein: Als bessere Ausgangsposition für berufliche Tätigkeit oder aber als Beginn einer akademischen Laufbahn.

Und wie eine Studieneingangsphase auch dazu dienen soll, mit Studierenden über die Konzeption des Studiums und insbesondere die Bedeutung der Forschung im Kontext von Professionskonzepten ins Gespräch zu kommen, so muss in der Masterphase geklärt werden, welche Erwartungen berechtigterweise mit einem Doktoratsstudium verknüpft werden dürfen und was unter einem *originären Forschungsbeitrag*, welcher die Fachdiskussion bereichert, zu verstehen ist.

# Die Krise als Normalfall. Zur Professionalisierung des Promovierens und der Promotionsbetreuung aus soziologischer Sicht

*Marc Torka/Kai-Olaf Maiwald*

Die Formen und Bedingungen des Promovierens befinden sich seit Jahren im Wandel. Lange Zeit war die Auswahl des wissenschaftlichen Nachwuchses und dessen Ausbildung in wissenschaftlicher Praxis eine höchst individuelle Angelegenheit zwischen Promovierenden und Doktorvätern bzw. Doktormüttern. Neben dieser Individualpromotion entstehen heute vermehrt sogenannte strukturierte Promotionsprogramme (z.B. Graduiertenkollegs und -schulen), die stärker mit kollektiven Betreuungsformen und kollegialen und formalen Kontrollen experimentieren. Diese neuen Strukturierungsversuche überlagern das traditionelle „Meister-Lehrling-Verhältnis" der Promotionsbetreuung, ohne es jedoch zu ersetzen. Die Folge ist, dass unterschiedliche Sozialordnungen parallel existieren und sowohl begrifflich wie empirisch in Spannung zueinander geraten. Im Zusammenhang mit der Reform des Promotionswesens wird der Begriff der Professionalisierung in vielfältiger und opaker Weise verwendet. Dabei zeigt sich insbesondere im Hinblick auf die angestrebte Standardisierung und Formalisierung des Promovierens ein Widerspruch zum soziologischen Bedeutungsgehalt des Professionalisierungsbegriffs. Denn dieser beschreibt die spezielle Institutionalisierungsform und Sozialisationsweise solcher Berufe, die es in ihrer Praxis mit spannungsreichen und eben nichtstandardisierbaren Handlungsproblemen zu tun haben. Sie beziehen ein abstraktes Wissen auf je besondere Fälle, bearbeiten in der Interaktion mit Klienten Probleme der Wiederherstellung, Beschränkung oder Erzeugung von Autonomie und bilden für diese fallbezogene Problembearbeitung spezielle Kompetenzen aus, die letztlich auf der Ebene von Berufsrollen und Handlungsmaximen statt über die Bildung formaler Organisationen institutionalisiert werden. In der Soziologie gelten die juristischen Berufe (neben den therapeutischen) als klassische Beispiele für solche Professionen. Aber auch die Wissenschaft kann in abgewandelter Form als eine Profession in diesem Sinn beschrieben werden; die Einübung in wissenschaftliches Handeln während der Promotionsphase kann als Professionalisierungsprozess gelten.

In vier Schritten möchten wir zeigen, worin die spezifischen Anforderungen des Promovierens und der Promotionsbetreuung bestehen, und deren spannungsreiche Beziehung zu den gegenwärtigen Veränderungen im Promotionswesen verdeutlichen. Dazu werden wir (I.) den soziologischen Begriff von Professionalisierung klären und (II.) diesen auf die Wissenschaft im Feld des Promovierens und Betreuens übertragen. Hierauf aufbauend (III.) wenden wir uns der Frage zu, durch welche strukturellen Anforderungen das Promovieren und die Promotionsbetreuung gekennzeichnet sind. Auf der Basis der Promotionsordnung einer rechtswissenschaftlichen Graduiertenschule zeichnen wir zunächst die ambivalente Beziehung zwischen alten und neuen Organisationsweisen des Promotionswesens nach (1.). An diesem Beispiel werden Paradoxien in Form der gleichzeitigen Bezugnahme auf unterschiedliche Sozialordnungen, Rollenkonzepte und Verständnisse des Promovierens sichtbar. Da formale Ordnungen immanente Spannungsverhältnisse des Promovierens und Betreuens aber nicht auflösen, gehen wir einen Schritt weiter. Wir werden auf widersprüchliche Anforderungen aufmerksam machen, die der Betreuungspraxis grundsätzlich und unabhängig von neuen Organisationsweisen zugrunde liegen (2.). Diese illustrieren wir anhand von Betreuungsinteraktionen, die wir im Forschungsprojekt „Professionelle Promotionsbetreuung" in verschiedenen wissenschaftlichen Disziplinen und Betreuungsformaten erhoben haben.[1] Auch wenn diese Beispiele nicht aus der Rechts-, sondern vorwiegend aus der Sozialwissenschaft stammen, gehen wir dennoch von einer Übertragbarkeit auf den in mindestens zweierlei Hinsicht besonderen Fall rechtswissenschaftlichen Promovierens aus. Das Promovieren findet dort sowohl in der Rechts*wissenschaft* wie in der Rechts*praxis* – zum Beispiel im Rahmen einer externen Promotion während einer Tätigkeit in einer Kanzlei – statt. Während man dieses Muster in der Naturwissenschaft nicht kennt, ist die „freie", „nebenberufliche" und „externe" Promotion in den Sozialwissenschaften aber durchaus üblich und Teil unseres Samples. Dem in der Rechtswissenschaft gegenwärtig unter dem Topos

1 Das Forschungsprojekt „Professionelle Promotionsbetreuung. Jenseits von „Meister" und „Lehrling"?" ist am Institut für Sozialforschung an der Johann Wolfgang Goethe-Universität, Frankfurt am Main, angesiedelt und wird von der Deutschen Forschungsgemeinschaft gefördert. Im Kern geht es um einen Vergleich zwischen den Sozialwissenschaften und der Physik.

„Recht als Wissenschaft“[2] diskutierten Problem einer normativen, auf die praktische Berufstätigkeit hin orientierten, durch die Trennung von Praxis und Grundlagenforschung sowie die Parallelität von „Status-“ und „Forschungspromotion“ gekennzeichneten Disziplin begegnet man auch in anderen Fächern. Auch diese verfügen nur sehr bedingt über allgemein gültige Regeln, die den Erfolg in der Erkenntnisproduktion und Ausbildung in jedem Fall garantieren könnten, sondern allenfalls über situationsspezifische „unclear technologies“[3]. Deshalb ist die Einübung in die Kunst, fallspezifisch zwischen Forschungsfragen, vorhandenem Wissen, Theorien, Methoden, Instrumenten und Daten abzuwägen, wesentlicher Teil des Promovierens und der Promotionsbetreuung. Wir kommen im Fazit (IV.) zu dem Schluss, dass hierbei strukturelle Unsicherheiten, Spannungen und Unwägbarkeiten eine Rolle spielen, die nicht einfach durch Didaktik, Formalisierung und Standardisierung auflösbar sind. Promovieren und Promotionsbetreuung bleiben strukturell krisenhafte Tätigkeiten und sollten als solche auch benennbar bleiben.

## *I. Begriffsklärungen: Von der opaken Semantik zur soziologischen Konzeption von Professionalisierung*

### *1. Professionalisierung als „Kampfbegriff“*

Wenn man heutzutage im universitären Kontext von „Professionalisierung“ spricht, dann weiß man zunächst einmal: Das ist etwas Gutes und es ist kaum kritisierbar. Studierenden „Schlüsselqualifikationen“ zu vermitteln, Lehrenden Expertise zur „Aktivierung“ dieser Studierenden anzutragen, Forschenden in Weiterbildungsveranstaltungen den Drittmittelantrag näher zu bringen – all dies firmiert unter dem Etikett „Professionalisierung“. Es scheint sich dabei schon fast um einen sozialen Wert zu handeln, denn die so ausgeflaggten Aktivitäten müssen sich nicht rechtfertigen, auch wenn sie neu eingerichtet werden. Die Begründungslast liegt vielmehr quasi automatisch aufseiten derjenigen, die sie kritisieren. Dabei

2 Vgl. hierzu zum Beispiel die gleichnamige rechtswissenschaftliche Graduiertenschule unter www.uni-muenster.de/Rechtalswissenschaft/ (15.10.2015).

3 *Musselin*, Are universities specific organizations?, in: Krücken u.a. (Hrsg.), Towards a Multiversity, Bielefeld 2007, S. 71 ff.

ist der Sinngehalt des Etiketts weitgehend opak. Klar ist nur, dass es etwas mit einem Zuwachs beruflicher Kompetenz zu tun hat.

Schon weniger klar ist eine Implikation, die mit der Verwendung dieses Etiketts immer einhergeht: dass nämlich die berufliche Kompetenz bislang noch nicht gegeben ist. Wenn professionalisiert werden muss, ist unterstellt, dass die Personen und die Tätigkeiten, die sie ausüben, genau das nicht sind: professionalisiert. Das ist bei Studierenden per definitionem kein Problem, bei Lehrenden und Forschenden jedoch schon. Letztere müssen es sich gefallen lassen, von Universitätsleitungen und -verwaltungen generalisiert als in Lehre und Forschung amateurhaft oder dilettantisch vorgehend adressiert zu werden. Wenn man sich fragt, wie das kommt, liegt als Erklärung nahe, dieses Phänomen – wie etwa auch die zunehmende Bedeutung von Kennzahlen für die Messung und Ausweisung von Leistungen in Forschung und Lehre – als Ausdruck einer Kritik am Wissenschaftssystem zu verstehen, die von außen in das System eingedrungen ist und Konflikte um die gültigen Standards seiner Praxis erzeugt.[4]

Dieser Verweis auf Konflikte, die mit der Rede von „Professionalisierung“ verbunden sind, ist insofern angebracht, als wir uns mit unserer Fragestellung auf eine Situation beziehen, die in hohem Maße durch gerade diese Konflikte gekennzeichnet ist. Dazu müssen wir uns positionieren. Denn auch die Einführung strukturierter Promotionsprogramme lebt von einer kaum begründungsbedürftigen Unterstellung eines Defizits der Promotionsbetreuung klassischen Stils. Demgegenüber versprechen die Programme eine Professionalisierung. Unter dem Impetus der organisationalen Steuerung wissenschaftlicher Tätigkeiten ist jede Praxis, die in der Tat über keine eindeutig bestimmbaren Kriterien, Verfahren und Standards verfügt, durch ein „endogenes Governance-Defizit“[5] gekennzeichnet.[6]

---

4 Zum Hintergrund dieser Entwicklung vgl. *Gerhards*, Der Aufstand des Publikums, Zeitschrift für Soziologie (2001), S. 163 ff. Zur Situation der akademischen Profession vgl. *Schimank*, Die akademische Profession und die Universitäten: „New Public Management“ und eine drohende Entprofessionalisierung, in: Klatetzki/Tacke (Hrsg.), Organisation und Profession, Wiesbaden 2005, S. 143 ff.

5 *Gläser/Lange*, Wissenschaft, in: Benz et al. (Hrsg.), Handbuch Governance, Wiesbaden 2007, S. 438.

6 So kann man gegenwärtig beobachten, dass die unsichere Bewertung von Wissenschaft im Rahmen des Peer Reviews durch eindeutige Evaluationskriterien ersetzt oder Wissenschaftsorganisationen nicht mehr dem Muster „organisierter Anarchien“ folgen, sondern stattdessen als strategischer Akteur auftreten sollen. Vgl. hierzu

Lange Promotionszeiten, ungenügende Promotionszahlen und hohe Abbruchquoten sind in dieser Perspektive nicht mehr der Ausdruck von Eigenschaften einer anspruchsvollen und unsicheren Tätigkeit, sondern fehlender formaler Organisation.

Wir greifen diesen Nexus zwischen Reorganisation und Praxis des Promotionswesens auf, ohne aber von vornherein in den praktischen Auseinandersetzungen Partei zu ergreifen. Wir verfolgen mit dem Begriff „Professionalisierung" keine praktischen Interessen der Auf- oder Abwertung von Tätigkeiten. Vielmehr sind es für uns zunächst weitgehend offene Fragen, ob Promotionsbetreuung überhaupt eine im soziologischen Sinne professionalisierungsbedürftige Tätigkeit darstellt und inwieweit jeweils ihre klassische oder strukturierte Organisation zu ihrer Professionalisiertheit beitragen. Um diesen Fragen nachzugehen, muss man den diffusen Begriff durch ein gehaltvolles Konzept ersetzen. Ein solches Konzept stellt die Professionssoziologie bereit. Wir werden im Folgenden kurz umreißen, was man soziologisch als „Professionalisierung" verstehen kann, um dann zu begründen, inwieweit es lohnend erscheint, das Konzept auf die Promotion und ihre Betreuung anzuwenden.

## 2. *Professionalisierung soziologisch*

Der soziologische Begriff der Professionalisierung ist facettenreich. In seiner einfachsten Version beschreibt er nichts anderes als den Prozess der *Verberuflichung* von Tätigkeiten. Derartige Prozesse sind ganz typische Begleiterscheinungen gesellschaftlicher Entwicklung und Differenzierung. Tätigkeiten, die vormals im Rahmen der alltäglichen Lebensführung oder auch im Rahmen schon beruflicher Aufgaben wie selbstverständlich mit erledigt wurden, werden ausgegliedert und einem neu umrissenen Tätigkeitsbereich von Spezialisten[7] überantwortet, die über ein dementspre-

*Torka*, Der Evaluator. Positionierungen, Strategien, Deutungs-, Handlungs- und Urteilsweisen von Wissenschaftlern in Prozessen der Wissenschaftsevaluation, in: Sozialer Sinn 12 (2012), S. 115 ff.; *Cohen et al.*, A Garbage Can Model of Organizational Choice, Administrative Science Quarterly 17 (1972), S. 1 ff.; *Whitley/Gläser*, The Impact of Institutional Reforms on the Nature of Universities as Organisations, Bingley 2014.

7 Wir argumentieren in unserem Beitrag vorwiegend auf der Ebene von geschlechtsübergreifenden beruflichen Rollenkonzepten und -erwartungen. Der männliche Genus schließt in diesem Fall Männer und Frauen als Rollenträger ein.

chendes, sei es praktisches, sei es theoretisches Spezialwissen verfügen.[8] Diese neuen Berufsrollen sind gesellschaftlich institutionalisiert und werden von den anderen Gesellschaftsmitgliedern entsprechend nachgefragt, und diese Nachfrage sichert ihren Inhabern ein gewisses Auskommen. Hat man vormals ausschließlich selbst gekocht und sich seine Kleidung zusammengeschneidert, so differenzieren sich zunächst Berufe wie Koch und Schneider heraus, die später noch weitere Spezialisierungen erfahren können, wie beispielsweise in Form von Ernährungs- oder Stilberatern. Oder – um ein Beispiel zu nennen, das dem rechtswissenschaftlichen Arbeitsbereich näher liegt – man hat vormals bestimmte lebenspraktische Konflikte, die sich nur schwer verrechtlichen ließen, selbst gelöst, ausgehalten oder ist daran zerbrochen, während es später dann Mediatoren gibt, an die man sich wenden kann.[9]

In eine ähnliche Richtung geht ein zweites Verständnis von Professionalisierung als *Expertisierung*. Gemeint ist damit der Umstand, dass im Zuge fortschreitender Modernisierung der Gesellschaft das Fachwissen von Berufen zunehmend an der wissenschaftlichen Entwicklung partizipiert und sich akademisiert. Es entwickelt sich eigenlogisch fort und wird zunehmend abstrakter, und damit entfernt sich auch die Definition der Probleme, die diese Berufe bearbeiten, von ihrer lebensweltlichen Verankerung. Die Gesellschaftsmitglieder, die Leistungen der Experten nachfragen, werden damit zu „Laien".[10] Das esoterische Wissen der Experten ist ihnen unverständlich. Die Urteile von Ingenieuren, Ernährungsberatern, Erziehungsexperten etc. können von ihnen nicht eingeschätzt werden. Ähnliches gilt für die juristischen Wissensbestände, selbst wenn unterstellt wird, dass Gesetze bis zu einem gewissen Grad im Alltagswissen verankert sind. Schon die besondere Rechtssprache erzeugt ein Übersetzungsproblem, das insbesondere von Anwälten in den Interaktionen mit ihren Mandanten bearbeitet wird. Diese Entwicklungen der Verberuflichung

---

8 *Maiwald*, Professionalisierung im modernen Berufssystem: Das Beispiel der Familienmediation, Wiesbaden 2004, S. 27 f.

9 *Maiwald*, Professionalisierung im modernen Berufssystem (Fn. 8), S. 27 f.; zur Professionalisierungsgeschichte der Rechtsberufe vgl. *Maiwald*, Die Herstellung von Recht. Eine exemplarische Untersuchung zur Professionalisierungsgeschichte der Rechtsprechung am Beispiel Preußens im Ausgang des 18. Jahrhunderts, Berlin 1997.

10 *Sprondel*, „Experten" und „Laien", in: Sprondel/Grathoff (Hrsg.), Alfred Schütz und die Idee des Alltags in den Sozialwissenschaften, Stuttgart 1979, S. 140 ff.

und Expertisierung gelten für einen breiten Kreis von Berufen.[11] Sie sind, wie gesagt, Kennzeichen des gesellschaftlichen Modernisierungsprozesses allgemein. Die Professionssoziologie beschäftigt sich allerdings mit einer besonderen Gruppe von Berufen. Ihre Besonderheit liegt nicht allein in ihrem Expertenwissen, sondern darin, dass sie sich weder dem Bereich des Marktes noch der Verwaltung und ihren entsprechenden Kontrollformen zuordnen lassen, sondern einer „dritten Logik" folgen.[12] Als entscheidende Merkmale werden ein Bezug zu zentralen gesellschaftlichen Werten (z.B. Recht, Gesundheit), der Umgang mit Klienten, die sich in existenziellen Notsituationen befinden, vor allem aber ein hoher Grad der Autonomie in der Organisation des Berufs angesehen. Letztere zeigt sich insbesondere in der Selbstorganisation der Ausbildung, der Rekrutierung von Nachwuchs und der Kontrolle der eigenen Arbeit. Als Garant für diese Autonomie wirken starke Berufsverbände, die die Professionsangehörigen gegen Außenkritik abschirmen, nach innen die Binnenkritik der beruflichen Leistungen verwalten und nach außen berufsethische Standards der Selbstbindung reklamieren. Professionalisierung wird in diesem Verständnis als *Herausbildung* einer solchen *berufsständischen Organisationsform* verstanden.[13] Als exemplarisch dafür erscheinen neben Medizinern vor allem Juristen.

## 3. *Professionalisierung in der Wissenschaft*

Vor diesem Hintergrund lässt sich wissenschaftliche Forschung und Lehre nur bedingt als professionalisiert ausweisen. Zwar gibt es einen zentralen gesellschaftlichen Wert (Wahrheit oder Erkenntnisgewinn) und auch ein

---

11 *Abbott*, The System of Professions. An Essay on the Division of Expert Labor, Chicago 1988.

12 *Freidson*, Professionalism, the third logic: on the practice of knowledge, Chicago 2001.

13 *Millerson*, The Qualifying Associations, London 1964; *Wilensky*, The Professionalization of Everyone?, in: American Journal of Sociology 70 (1964), S. 137 ff.; *Rüschemeyer*, Doctors and Lawyers, in: Canadian Review of Sociology and Anthropology 1 (1964), S. 17ff.; *Goode*, Community within the Community: The Professions, in: American Sociological Review 22, S. 194 ff. Diese Literatur bezieht sich auf die „Hochzeit" der Professionen. Der Frage, welche Entwicklungen sich hinsichtlich der angesprochenen Merkmale in den letzten Jahrzehnten vollzogen haben, kann hier nicht nachgegangen werden.

gewisses Maß an Autonomie in der Berufsausübung, aber es gibt normalerweise weder Klienten und praktische Krisenbearbeitung, noch gibt es starke Berufsverbände. Gleichwohl ist es möglich und sinnvoll, auch das wissenschaftliche Handeln als professionalisiert zu verstehen. Dazu muss man das Berufshandeln selbst in den Vordergrund stellen und diejenigen Aspekte herausarbeiten, die klientenbezogene und nicht klientenbezogene Professionen miteinander teilen. Und das ist vor allem der berufsförmige Umgang mit Krisen. Kurz gesagt lassen sich Professionen als Spezialberufe für stellvertretende Krisenbearbeitung verstehen.[14] Bei den Medizinberufen ist die Krise die Krankheit, bei den Rechtsberufen die fraglich gewordene Rechtsgeltung. Mit dem Fokus auf die Wiederherstellung der Rechtsgeltung ist der Klientenbezug der Rechtsberufe – das gilt insbesondere für den Anwaltsberuf – gewissermaßen ein doppelter: Als Klient erscheint nicht nur der Rechtsuchende, sondern immer auch die Rechtsgemeinschaft.[15]

Aber auch die Wissenschaft hat es mit Krisen zu tun, nämlich mit Krisen der Geltung von Überzeugungen, den „Geltungskrisen“ von Aussagen.[16] Die Besonderheit des Subsystems „Wissenschaft“ (und das ist wahrscheinlich auch ein Kennzeichen der Rechts*wissenschaft* gegenüber der Rechts*praxis*) besteht darin, dass diese Krisen systematisch erzeugt werden. Im Alltag sind wir sehr an Routinen interessiert. Wir halten so lange wie möglich an unseren Überzeugungen über den Zustand der Welt fest. Erst wenn wir praktisch erfahren, dass sie nicht gelten, ändern wir sie. Krisenhaft ist das deshalb, weil diese Überzeugungen schließlich bislang zu den Prämissen unseres Handelns gehört haben. Brechen sie zusammen, dann wissen wir nicht, auf welche Weise wir weiter handeln und die Welt deuten sollen.

In der Wissenschaft ist das bekanntlich anders. Hier werden unter Bedingungen der Praxisentlastetheit („Elfenbeinturm“) Krisen erzeugt, indem gegebene Überzeugungen über die Welt systematisch dem Scheitern ausgesetzt werden, um sie durch realitätsangemessenere Überzeugungen

---

14 *Oevermann*, Skizze einer revidierten Theorie professionalisierten Handelns, in: Combe/Helsper (Hrsg.), Pädagogische Professionalität, Frankfurt am Main 1996, S. 70 ff.

15 *Wernet*, Professioneller Habitus im Recht: Untersuchungen zur Professionalisierungsbedürftigkeit der Strafrechtspflege und zum Professionshabitus von Strafverteidigern, Berlin 1997; *Maiwald*, Die Herstellung von Recht (Fn. 9).

16 *Oevermann*, Wissenschaft als Beruf, Die Hochschule 1 (2005), S. 27.

zu ersetzen. Aus der Perspektive des Alltags ist das ein merkwürdiges Geschäft: mit Leidenschaft Überlegungen nachzugehen bei der gleichzeitigen Bereitschaft, sie grundsätzlich in Frage zu stellen;[17] Offenheit für Neues zu kultivieren („Eingebung") bei gleichzeitigem Beharren auf der Bindung an methodisches Vorgehen, da nur dies eine intersubjektive Geltungsüberprüfung ermöglicht;[18] Detailversessenheit mit einem Sinn für Abstraktion zu verbinden.[19] Das wissenschaftliche Handeln steht – das machen diese Beispiele deutlich – vor einer Reihe in sich widersprüchlicher Anforderungen, die es vereinbaren muss, ohne sich für nur eine Seite zu entscheiden (dann wäre man entweder „Guru" oder „Bürokrat"). Dies ist ein weiterer zentraler Aspekt professionellen Handelns, den die anderen, klientenbezogenen Berufe teilen – nur kommen hier noch andere, problemspezifische Anforderungen ins Spiel. Und das genau ist es, was nach diesem Verständnis im Kern „Professionalisierung" ausmacht: Die Institutionalisierung eines *Berufshandelns*, das mit derartigen, in sich widersprüchlichen Anforderungen umgehen kann. Erforderlich ist ein professioneller wissenschaftlicher Habitus, der es ermöglicht, situativ adäquat zwischen ihnen zu vermitteln.

## *II. Promovieren und Promotionsbetreuung als Professionalisierungsprozess*

Die Vermittlung eines professionellen Habitus in der Berufsausbildung ist mehr als der Erwerb von Wissen und Fertigkeiten. Es geht nicht nur um Lernen im Sinne der Übernahme neuer Wissensinhalte oder der Anwendung von „Rezeptwissen", sondern tatsächlich um Sozialisation, denn die Aneignung eines Habitus impliziert eine Veränderung der Persönlichkeitsstruktur. Ich muss eine innere Haltung erwerben, die ich vorher, als „Alltagsmensch" nicht besaß. Das schließt immer auch ein Moment des „learning by doing" ein. Man erlernt – dem idealtypischen Modell nach –

---

17 *Oevermann*, Skizze einer revidierten Theorie professionalisierten Handelns (Fn. 14), S. 70 ff.

18 *Kuhn*, Die grundlegende Spannung: Tradition und Neuerung in der wissenschaftlichen Forschung, in: Krüger/Lorenz (Hrsg.): Die Entstehung des Neuen, Frankfurt am Main 1977, S. 308-326.

19 *Franzmann*, Die Disziplin der Neugierde: Der professionalisierte Habitus in den Erfahrungswissenschaften, Bielefeld 2012.

nicht nur die disziplinspezifischen Konzepte und Methoden, sondern man erwirbt durch die praktische Einübung in den wissenschaftlichen Diskurs gleichzeitig ein Gefühl für die Logik der Forschung, für das, was wissenschaftliche Hypothesenbildung und -absicherung ausmacht. Das gilt schon für das Universitätsstudium. Im Rahmen des Studiums wird jedoch nicht erwartet, dass man Forschung auch betreiben kann. Erwartet wird die Kompetenz des wissenschaftlichen Urteils, nicht die Performanz der Forschung. Dies ist erst der Promotionsphase vorbehalten. Im Einzelfall kann eine solche Entwicklung natürlich auch kontinuierlich verlaufen. Ich kann schon während des Universitätsstudiums Beiträge zur Forschung leisten, ich kann allmählich ins Experiment hineinwachsen und immer mehr eigenständige Verantwortung und Führung übernehmen, ich kann schon vor der Promotion in Forschung eingespannt sein und mitpublizieren. Hier geht es jedoch darum, wie die Statustransformation allgemein institutionalisiert ist. Und in dieser Hinsicht markiert immer noch die Dissertation die entscheidende Differenz. Erst in der Dissertation *soll* ein Beitrag zum wissenschaftlichen Fortschritt dokumentiert werden. Sie *muss* publiziert und damit der Kritik der wissenschaftlichen Öffentlichkeit ausgesetzt werden.

Was die berufspraktische Ausbildung im Anschluss an das Universitätsstudium für die klientenbezogenen Professionen, ist die Promotion für das wissenschaftliche Handeln: die entscheidende Phase der professionellen Sozialisation. Interessanterweise wird gemeinhin davon ausgegangen, dass diese Phase unterstützungsbedürftig ist. Es gibt unseres Wissens kein Hochschulsystem, das nicht irgendeine Form von Betreuung für die Promotion vorsieht. Dabei könnte man sich durchaus vorstellen, dass auf den vorhergehenden Erwerb einer wissenschaftlichen Urteilsfähigkeit gebaut wird und es den Aspiranten komplett selbst überlassen bleibt, eine Arbeit anzufertigen und vorzulegen, die dann nur noch geprüft wird. Das ist aber nicht der Fall. Es wird vielmehr davon ausgegangen, dass es hier einen generalisierbaren Betreuungsbedarf gibt. Gleichzeitig soll das Ergebnis aber etwas sein, das den Betreuten am Ende im vollen Umfang als eigene Leistung zugerechnet wird. Autonomie und Abhängigkeit, Selbstständigkeit und Hilfsbedürftigkeit sind in der Promotionsbetreuung folglich miteinander verschränkt.

Was heißt das für die Betreuenden und Promovierenden? Was heißt das für das Betreuungsverhältnis? Man kann daran eine dieser in sich widersprüchlichen Handlungsanforderungen sehen, die eine professionelle Bearbeitung erforderlich machen. Wir werden zeigen, dass das Betreuungsverhältnis eine besondere, aber dennoch ganz ähnliche Struktur aufweist wie das Verhältnis von Professionellem und Klient in den Medizin- und Rechtsberufen: nämlich die Form eines durch strukturelle Spannungen gekennzeichneten Arbeitsbündnisses. Dieses geht über eine reine intellektuelle Krisenbearbeitung im Rahmen eines fachlichen Gesprächs hinaus. Denn das Unterfangen einer Promotion birgt für die Promovierenden – gerade dann, wenn sie es ernst nehmen – intellektuelle *und* lebenspraktische Krisen. Man kann beispielsweise mit Zweifeln an der Sinnhaftigkeit des ganzen Unternehmens rechnen. Die Fragen, ob man sich nicht verrannt hat oder ob man überhaupt ein Ergebnis hat, das sich sehen lassen kann, dürften weit verbreitet sein. Schließlich werden sich immer irgendwann einmal Probleme stellen, die damit zusammenhängen, dass „ars longa, vita brevis est", ich nicht wissen kann, wann es jetzt genug ist, oder ob ich noch mehr berücksichtigen, noch mehr an Material mit hineinnehmen muss. Eine Frage an die Organisation der Betreuung aus professionssoziologischer Sicht ist dementsprechend, wie viel an intellektueller wie lebenspraktischer Krisenhaftigkeit sie zulässt.

## *III. Strukturelle Spannungsverhältnisse in der Promotionsbetreuung*

Überträgt man diese professionssoziologische Konzeption des durch widersprüchliche Handlungsanforderungen gekennzeichneten und deshalb professionalisierungsbedürftigen Arbeitsbündnisses auf die Promotionsbetreuung in der Wissenschaft, dann stoßen wir auf ein zentrales Problem. Das Ziel des Promovierens und der Promotionsbetreuung ist die Herstellung wissenschaftlicher Handlungsautonomie im Zuge eines Sozialisationsprozesses zum autonomen Forscher. Damit haben wir es in Anlehnung an *Theodor W. Adorno*[20] mit dem unlösbaren Interventionsproblem zu tun, wie man zur wissenschaftlichen Mündigkeit erzieht, ohne diese bereits vorauszusetzen oder durch zuviel Anleitung sogleich wieder einzuebnen. Dass Autonomie nicht nur ein zentraler Wert der Wissenschaft ist, sondern auch im Mittelpunkt der Promotionspraxis steht, kann man dem für alle Disziplinen Gültigkeit beanspruchenden Diktum des Wissenschaftsrates entnehmen:

20 *Adorno*, Erziehung zur Mündigkeit: Vorträge und Gespräche mit Hellmuth Becker 1959-1969, Frankfurt am Main 1970, S. 133 ff.

> „Kern der Promotion ist die eigene, selbständige und originäre Forschungsleistung, die zum Erkenntnisfortschritt im jeweiligen Fach beiträgt".[21]

Wie man diese autonome Forschungsleistung allerdings hervorbringt und inwiefern dabei überhaupt hilfreich interveniert werden kann, bleibt nicht nur in den Ausführungen des Wissenschaftsrats, sondern in allen uns bekannten Empfehlungen und Leitlinien zur Promotionsbetreuung unklar. Stattdessen wird die als Ziel benannte Fähigkeit, autonom wissenschaftliche Beiträge in den Fachdiskurs einspeisen zu können, bereits *vorausgesetzt*. Diese Grundspannung der *gleichzeitigen Unterstellung von Autonomie und Betreuungsbedürftigkeit* hat zahlreiche weitere Ambivalenzen zur Folge. Sie zeigen sich etwa in Beschreibungen der transitiven Rolle von Promovierenden, die zwischen „PhD student", zukünftigem „PhD candidate" oder bereits fertigem „junior researcher" oszillieren. Damit werden Promovierende gleichermaßen als betreuungsbedürftige „Klienten", noch übende „Novizen" und autonom arbeitende „Kollegen" positioniert.[22] Mit *Mehrfachrollen* und *Rollenkonfusion* ist also zu rechnen. Ebenso stößt man auf unterschiedliche Sozialisationsmodelle mit verschiedenen Mischungen aus Autonomie und Heteronomie. Ein großer Teil des Promovierens folgt de facto dem Muster der Selbstsozialisation in der eigenständigen Auseinandersetzung mit der Sache („learning by doing") oder der Partizipation an kollektiven Forschungsprozessen („learning on the job"). Eine Sozialisierung im Sinne der Übernahme und Übergabe von bislang bewährten Routinen, Denktraditionen und implizitem Gebrauchswissen erfolgt entweder im gelegentlichen Austausch mit Fachkollegen nebenbei („Enkulturation" über „tacit learning") oder in den seltenen und umso bedeutsameren expliziten Betreuungsgesprächen.[23]

Diese unübersichtliche Situation, in der Promovierende nach verschiedenen Kommunikationsmöglichkeiten suchen, hat sich im Rahmen strukturierter Promotionsprogramme nicht grundsätzlich geändert. Sie flaggen

---

21 Wissenschaftsrat, Anforderungen an die Qualitätssicherung der Promotion, Köln 2011, S. 8.

22 Vgl. *Oevermann*, Wissenschaft als Beruf (Fn. 16), S. 24; *Stichweh*, Autonomie der Universitäten in Europa und Nordamerika: Historische und systematische Überlegungen, in: Kaube (Hrsg.), Die Illusion der Exzellenz, Berlin 2009, S. 38 ff.

23 Man muss sich im disziplinären Vergleich vergegenwärtigen, dass nicht in allen Fachkulturen die individuelle Doktorarbeit und deren Besprechung die tradierte Betreuungsform ist. In der experimentellen Physik steht beispielsweise das kollektiv verantwortete und betriebene Projekt und demgemäß die Arbeitsgruppenbesprechung im Zentrum.

aber informell bereits vorhandene Formen des Austauschs nun offiziell als Betreuung aus und versuchen mehr Kontaktmöglichkeiten, Ordnung und Verbindlichkeit zu erzeugen. Dabei orientieren sie sich an den Prinzipien „Critical Mass and Pedagogic Continuity“[24] und der stärkeren Formalisierung zuvor individuell und informell regulierter Prozesse.

Wir wollen im Folgenden am Beispiel einer Promotionsordnung aus der Rechtswissenschaft und wiederkehrenden Besonderheiten von Betreuungsinteraktionen aus anderen Disziplinen zeigen, dass die Paradoxie der gleichzeitigen Unterstellung von Autonomie und Betreuungsbedürftigkeit die (1.) organisatorische und (2.) interaktive Realität des Promotionswesens weiterhin bestimmt.

## *1. Die Spannung zwischen neuer und traditioneller Ordnung des Promovierens*

Auf der einen Seite beobachten wir gegenwärtig eine enorme Vervielfältigung formaler Organisationsweisen des Promovierens.[25] Es werden neue Organisationsformen wie Graduiertenkollegs oder große Graduiertenschulen aufgebaut und das Promovieren wird zumindest in den Promotionsordnungen restrukturiert:

> „Der erhebliche Reformdruck im Bereich des Promotionswesens wird nicht zuletzt an der Intensität der Überarbeitung von Promotionsordnungen bzw. dem Erlass neuer Ordnungen erkennbar. Mit 66,6 Prozent ist der überwiegende Teil der gültigen Promotionsordnungen zwischen 2005 und 2012 erlassen worden.“[26]

Wenn man sich allerdings der Innenwelt dieser „Promotionsfabriken“[27], den dort ablaufenden Sozialisationsprozessen und dafür etablierten „Arbeitsbündnissen“ zuwendet, dann fällt doch etwas Erstaunliches auf. In den Rechtswissenschaften kann man wie in anderen Disziplinen beobach-

24 *Delamont/Parry/Atkinson*, Critical Mass and Pedagogic Continuity, in: British Journal of Sociology of Education 18 (1997), S. 533 ff.

25 Vgl. hierzu *Pilniok/Trute*, Die externe Governance der Promotionsphase: wer setzt die Standards?, in diesem Band, S. 137 ff.

26 *Blümel et al.*, Wirklichkeit und Praxis der Doktorandenerfassung und Qualitätssicherung von Promotionen an deutschen Hochschulen, in: Hornbostel (Hrsg.), Wer promoviert in Deutschland?, Berlin 2009, S. 54.

27 *Münch*, Die Geisteswissenschaft im Sog des akademischen Kapitalismus, LIFIS Online (2009), S. 5.

ten, dass die Kontexte, die tatsächlich für die explizite Betreuung von Promovierenden vorgesehen sind, doch die gleichen geblieben und mit der jeweiligen disziplinspezifischen Arbeitsweise aufs Engste verbunden sind. Sie sind in der Rechtswissenschaft mit denjenigen der Sozialwissenschaften vergleichbar und unterscheiden sich stark von anderen Disziplinen, die wir deshalb ausblenden werden. Das direkte Gespräch zwischen Betreuenden und Promovierenden in der Sprechstunde, die Präsentation und Kritik der Arbeit im Kolloquium und (teils von Promovierenden selbstorganisierte) Veranstaltungen mit stärkerem Werkstattcharakter bilden weiterhin die fest institutionalisierten Arbeitsformen der Sozial-, Geistes- und auch der Rechtswissenschaft. Der Rede von einem radikalen Wandel der Doktorandenausbildung muss man zunächst entgegenhalten, dass die formal organisierte „strukturierte Promotion" auf sehr stabilen disziplinspezifischen Arbeits- und Sozialisationsformen aufruht. Wir werden am Beispiel einer rechtswissenschaftlichen Promotionsordnung, die für den Aufbau einer Graduiertenschule geändert wurde, aber exemplarisch sehen, dass die formale Organisation vor allem in einer Weise in diese Betreuungsbeziehungen einzugreifen versucht, die wir bereits aus Untersuchungen über projektförmige Forschung kennen. Auf der Arbeitsebene kann man den Wandel des Promotionswesens maßgeblich als eine *Projektifizierung des Promovierens* beschreiben. Ein bekanntes Muster aus der Forschung wird auf die Einübung in die Forschung übertragen und von fertigen auf werdende Forscher ausgedehnt. Die Projektförmigkeit löst die Spannung zwischen Autonomie und Betreuungsbedürftigkeit aber nicht auf, sondern etabliert eine weitere grundsätzliche Paradoxie: Im Prinzip sollte bereits vor der Forschung und sogar vor dem Erlernen des Forschens alles bekannt sein, um berechen- und kontrollierbar zu werden, auch wenn die Vorbedingung des Forschens und Lernens das bislang Unbekannte ist.[28]

Im Folgenden analysieren wir die Gleichzeitigkeit von neuen und alten Ordnungen des Promotionswesens in einer rechtswissenschaftlichen Promotionsordnung. Die Struktur der Projektförmigkeit setzt bereits bei der Aufnahme von Promovierenden ein. Sie bewerben sich mit einem Projektentwurf, dessen Tragfähigkeit, Verbindlichkeit und Einhaltung in der Folgezeit überprüft wird:

> „Dem Zulassungsantrag sind eine Darstellung der Fragestellung und ihrer Begründung vor dem Hintergrund des aktuell verfügbaren Forschungsstandes,

---

28 *Torka*, Die Projektförmigkeit der Forschung, Baden-Baden 2009.

der Ziele und Methoden der wissenschaftlichen Bearbeitung sowie ein detaillierter Zeit- und Arbeitsplan für das Dissertationsvorhaben („Exposé“) beizufügen.“[29]

Für die Durchsetzung des Projekts werden dann in vielen strukturierten Programmen spezielle Seminare zur Kontrolle und Verfeinerung von Konzepten etabliert, Stipendien nur schrittweise bei erfolgreicher Entwicklung verlängert und durch die Verankerung von ersten Projektentwürfen in Betreuungsvereinbarungen Verbindlichkeiten erzeugt. In unserem Beispiel heißt es dann: „Das von den Betreuenden befürwortete Exposé [...] ist Bestandteil dieser Vereinbarung.“ Wie in der Projektforschung der Antrag, gewinnt hier das Exposé den Charakter einer selbstentworfenen Mess- und Prüfgröße für den Erfolg, damit Doktoranden in die Lage versetzt werden, „regelmäßig über den Fortschritt ihrer Arbeit zu berichten“. Nicht Probleme oder die generelle Krisenhaftigkeit der Produktion neuer Erkenntnisse, sondern der Erfolg und die Routine werden als Normalfall bezeichnet; alles Weitere wird zum begründungsbedürftigen Sonderfall erklärt. Fernab der sicherlich interessanten und bislang nicht hinreichend beantworteten Frage, ob mit dieser Projektifizierung eine Beschleunigung des Promovierens erreicht werden kann und dabei vielleicht manche Themen (z.B. Theorie- oder Methodenentwicklung) und Personenkreise (z.B. Seiteneinsteiger oder Bildungsbenachteiligte) ausgeschlossen werden, ist hinsichtlich der Betreuungsbeziehung das Folgende festzuhalten: Einerseits gibt es von Beginn an eine deutliche und durch die Projektförmigkeit sogar gesteigerte Erwartung an Promovierende, bereits die Fähigkeit mitzubringen, im Prinzip autonom Wissenschaft betreiben zu können und zu sollen. Viele Betreuende setzen voraus, dass Promovierende autonom forschen, wie im folgenden Kommentar eines Professors deutlich wird:

> „Mein Selbstverständnis über das Werden einer Doktorandin oder eines Doktoranden ist, dass, bei aller Notwendigkeit der Betreuung und Begleitung [...], es eine Geschichte ganz wesentlich selbstbestimmter Art ist. [...] Das Entwickeln einer spannenden Idee gehört schon zu dem ganzen Prozess der Selbstbestimmung dazu.“[30]

---

29 Alle im Folgenden nicht weiter explizit gekennzeichneten Zitate sind dieser rechtswissenschaftlichen Promotionsordnung entnommen, die aus Anonymisierungsgründen nicht genannt, aber in ähnlicher Form in zahlreichen anderen Disziplinen vorliegt.

30 Zit. aus *Engler*, „Aufsteigen oder Aussteigen“, in: Hitzler/Pfadenhauer (Hrsg.), Karrierepolitik, Opladen 2003, S. 124.

Das Modell projektförmigen Promovierens setzt sich zudem auf der Ebene der Rollenzuschreibung fort. Das Promovieren wird als routinehafte Tätigkeit geschildert, und folgerichtig werden die Betreuenden als *Projektcontroller* typisiert, deren Aufgabe es sei, die „regelmäßige Berichterstattung" und „Einhaltung des Arbeits- und Zeitplans" zu prüfen.

Andererseits ist aber weder das Promovieren noch die Rollenkonfiguration in der Promotionsbetreuung auf dieses spezifische Modell reduziert. Denn die Projektförmigkeit ist selbst krisenanfällig und neigt angesichts des expliziten Promotionsziels, einen „Fortschritt der wissenschaftlichen Erkenntnis anzustreben", dazu, von der „Regelbearbeitungsdauer" abzuweichen, weshalb Verlängerungen von Beginn an vorgesehen sind. Der Aspekt der Krisenhaftigkeit des Promovierens wird in den Promotionsordnungen und Betreuungsvereinbarungen also nicht getilgt, das Muster einer Kontrollbeziehung setzt sich nicht vollständig durch. An die Stelle des distanzierten Projektcontrollers tritt immer wieder eine persönliche, zeitlich unbestimmte und durch wechselseitige Verantwortung gekennzeichnete Beziehung zwischen Betreuenden und Promovierenden, die nur „aus wichtigem Grund gekündigt werden" kann und „bis zum Abschluss der Promotion, unabhängig von der Dauer einer etwaigen Finanzierung" gilt. Die Promotionsvereinbarung ist die Formalisierung einer Beziehungsstruktur, die auf einem wechselseitigen Arbeitsbündnis beruht, das wechselseitige Verpflichtungen, Verantwortungsübernahmen und die Bindung zwischen ganzen Personen umfasst. Entsprechend heißt es in der von uns betrachteten Promotionsordnung:

> „Die Betreuung einer Dissertation ist andauernde Pflicht der Betreuerinnen und Betreuer und darf nicht delegiert werden. Der Promotionsausschuss bestellt die Betreuerin oder den Betreuer auf Vorschlag der Antragstellerin oder des Antragstellers."

Schon auf der Ebene von Promotionsordnungen stehen sich also widersprüchliche Verständnisse des Promovierens und Rollenelemente gegenüber, die Betreuende einerseits als Projektkontrolleure und andererseits als über ein Thema persönlich Verbündete präsentieren, die sich mit der Befürwortung eines Vorhabens „zugleich verbindlich bereit erklären, die Antragstellerin bzw. den Antragsteller zu betreuen" und im Fortgang „dafür Sorge tragen, dass der persönliche Kontakt mit der Doktorandin oder dem Doktoranden sichergestellt ist."

Die Strukturproblematik der Promotionsbetreuung – mit ihren in sich widersprüchlichen Elementen – wird also auch in „strukturierten Programmen" nicht aufgelöst. Die Projektförmigkeit und die Doppelrolle als Verbündeter und Kontrolleur fügen allerdings weitere Widersprüche hinzu. Wenn Ambivalenzen der Promotionsbetreuung bereits in den formalen Ordnungen augenfällig sind, dann erst recht in der Betreuungspraxis.

## *2. Konstitutive Paradoxien der Betreuungspraxis*

Das ursprünglich von *Ulrich Oevermann* am Beispiel der ärztlichen und juristischen Praxis gebildete Modell des Arbeitsbündnisses setzt sich aus elementaren Spannungsverhältnissen zusammen, die in Betreuungsinteraktionen ebenfalls auftreten und besondere Ausprägungen haben.[31]

*Abbildung 1: Elementare Spannungsverhältnisse der Promotionsbetreuung*

| **Dimension** | **Paradoxale Doppelbezüge** |
|---|---|
| Autonomie/Heteronomie | freiwillige Betreuung und Verpflichtung Probleme einzugestehen |
| Mehrfachrollen | fertige Kollegen und hilfsbedürftige Novizen |
| Interaktionstyp | Intervention und stellvertretende Lösung |
| Krisenbezug | Krisenerzeugung und Krisenlösung |
| Problemzurechnung | Person, institutioneller Kontext und Sache |

### a) Autonomie und Heteronomie: Freiwilligkeit und Verpflichtung zur Betreuung

Das erste elementare Spannungsverhältnis kommt bereits zum Tragen, bevor die Betreuungsinteraktion überhaupt beginnt. Es gibt ein verbreitetes Selbstverständnis unter Betreuenden dahingehend, wer ein Betreuungsgespräch unter welchen Umständen initiieren soll. *Steffani Engler* hat diese Haltung einmal als „Beratung auf Anfrage“[32] bezeichnet. Damit ist gemeint, dass Promovierende die Initiative ergreifen sollen, wenn sie in

31 *Oevermann*, Skizze einer revidierten Theorie professionalisierten Handelns (Fn. 14).

32 *Engler*, „Aufsteigen oder Aussteigen“ (Fn. 30), S. 113 ff.

ihrem eigenen Forschungsprozess auf Probleme stoßen. Dieses Prinzip der Freiwilligkeit und gleichzeitigen Verpflichtung, im Falle von Problemen Beratung aufzusuchen, drückt sich empirisch vielfältig aus. Betreuende typisieren Promovierende danach, ob sie über die richtige Mischung aus Selbstvertrauen und Reflexionsfähigkeit verfügen, zu viel Anleitung bedürfen oder sich der Beratung entziehen. So wird etwa die Haltung, ohne eigene Anstrengung nur Tipps abzuholen, kritisiert, wie folgendes Interviewzitat verdeutlicht:

> „Wenn wir hier an der Tafel stehen und jemand fragt nach irgendeinem Problem und es stellt sich raus nachher, das war jetzt wirklich drittes Semester, dann sag ich schon mal, gut, das nächste Mal überlegst ein bisschen länger." (Promotionsbetreuer, theoretische Astrophysik)

Ebenso unangemessen erscheint aber auch das Abwarten, wenn tatsächlich Probleme anstehen:

> „Also, das wären Sachen, die Sie mir dann versprechen müssten. Also wenn's zu Verzögerungen kommt, dann muss ich's [wissen]." (Promotionsbetreuer, Sozialwissenschaft)

Diese Beispiele machen deutlich, dass die unaufhebbare Spannung von Autonomie und Heteronomie ein wesentliches Strukturmerkmal von Betreuungsinteraktionen ist. Die vorausgesetzte Bedingung der Betreuung ist die Orientierung daran, selbständig zu forschen. Das Prinzip der freiwilligen Konsultation schützt diese Handlungsautonomie. Fordern Betreuer Gesprächstermine ein, dann kippt die Betreuung in eine Situation der Leistungskontrolle um, in der eine wesentliche Grundbedingung der Betreuungsinteraktion erschwert wird. Denn für diese ist ein Eingeständnis von Promovierenden nötig, dass sie trotz aller Versuche auf Probleme gestoßen sind, die sie selbst nicht lösen können. Die Intervention des Betreuenden ist somit von der Mitarbeit der Promovierenden abhängig und diese begeben sich mit einem Hilferuf ebenfalls in Abhängigkeit von Betreuenden.

### b) Mehrfachrollen: Promovierende als Kollegen und Novizen

Das Betreuungsverhältnis ist vor allem im deutschen System durch Mehrfachrollen und Rollenkonfusionen gekennzeichnet. Betreuende sind sowohl Gatekeeper, Chefs, erfahrene Kollegen und prüfende Gutachter in einer Person. Vor allem die in der Wissenschaft besonders wichtige Zuschreibung, dass Promovierende bereits autonom forschende Kollegen sind, kann in Konflikt mit der für die Betreuung ebenso wichtigen Rolle des noch hilfsbedürftigen Novizen geraten. Dies soll anhand eines Beispiels aus unserer Forschung beleuchtet werden. Es handelt sich um ein Betreuungsgespräch zwischen einem Professor und einem Institutsmitarbeiter, das von uns aufgezeichnet wurde. Daran kann man deutlich sehen, wie Autonomiewahrung und unzureichende Problemeinsicht Interventionen blockieren können.

Der Professor beginnt das Gespräch mit der Bemerkung, dass „wir schon lange nicht mehr gesprochen haben". Offenbar arbeitet der Promovend selbständig und sucht nur selten Rat. Der Promovierende untermauert dies und stellt mit seiner mitgebrachten „aktualisierten Fassung meiner Gliederung" zudem unter Beweis, dass er eine strukturierte Vorgehensweise und bereits das gesamte Buch im Blick habe. Dennoch zeigt sich ein Produktionsproblem des Promovenden. Er verliert sich in Details eines Kapitels, das er seit Monaten bearbeitet:

> Dok:„[...] Also, ich bin gerade bei dem Unterkapitel zwei und drei a zum X-Projekt. Daran schreib ich gerade. [...] So, das ist der erste große Teil. Und dann gibt es ja noch zwei weitere Teile und da werde ich dann sicherlich auch noch ein wenig brauchen."

Das Produktionsproblem des „Verzettelns" liegt offenbar in der undeutlichen Struktur des Arguments begründet, mit dem man zwischen wesentlichen und nebensächlichen Aspekten unterscheiden könnte. Der Betreuer hatte bereits zuvor versucht, mithilfe von Theorien und der Auswahl von Quellen eine Strukturierungshilfe zu geben.

> Prof.: „Wir hatten ja über den ersten Teil gesprochen, was mir da aufgefallen war, war vor allen Dingen, dass ich den Eindruck hatte, dass es zu ausführlich war, also sowohl noch mal in den Theoriereferenzen [...und] im Rückgriff auf die Auseinandersetzung mit den Quellen. [...] Hast du das jetzt beim Schreiben gleich einbeziehen können oder? [...]"

Obwohl der Doktorand, wie gesehen, detailverliebt weitergearbeitet hat, antwortet er auf die ungebrochene Problemwahrnehmung des Betreuers, ob das Problem gelöst sei, mit „Ja. [...]". Damit wird die Möglichkeit zu intervenieren blockiert. Diese Kommunikationsstruktur eines Gesprächs unter Kollegen setzt sich im weiteren Verlauf fort. Der Betreuer begibt sich mit Nachfragen zu den Kapiteln auf die Problemsuche, während der Promovend mit detailreichem Expertenwissen über die Empirie kontert und keine Probleme preisgibt.

### c) Eingreifen: Intervention statt Krisenlösung

Am gleichen Beispiel kann man ein weiteres Strukturmerkmal der Promotionsbetreuung nachvollziehen. Unabhängig davon, ob Promovierende von sich aus auf Probleme hinweisen oder Betreuer solche stellvertretend entdecken, können Forschungsprobleme von Promovierenden nicht durch eine unmittelbare Anleitung von Betreuenden gelöst werden. Dies würde nicht nur die Anforderung an eine selbständige wissenschaftliche Leistung unterlaufen, sondern ist auch praktisch nicht möglich. Forschungsfragen unterscheiden sich von Prüfungsfragen schon darin, dass es keine richtigen, sondern allenfalls passende Antworten gibt. Ob aber ein Vorschlag hinsichtlich eines Forschungsgegenstands passt, dazu benötigt man die genaue Kenntnis des konkreten Gegenstands. Und über diesen wissen Promovierende aus ihrer alltäglichen Beschäftigung mit ihm besser Bescheid als die Betreuer. Deshalb sagt der Betreuer in unserem Beispiel dem Doktoranden nicht, was er tun soll, sondern fragt ihn, ob sich sein Vorschlag praktisch bewährt hat: „Hast du das jetzt beim Schreiben gleich einbeziehen können“. Betreuung ist vor allem eine Intervention in die Handlungs- und Denkweisen von Promovierenden durch Deutung und Umdeutung. Diese müssen von Promovierenden aber erst angeeignet und auf die eigene Praxis bezogen werden, damit sie Wirksamkeit entfalten können. Die notwendige Mitarbeit unterscheidet diese Intervention von einer stellvertretenden Krisenlösung durch Anleitung oder gar einer Problemlösung durch den Betreuer.

### d) Krisenbezug: Erzeugung von intellektuellen Krisen in der Promotionsbetreuung

Eine wesentliche Besonderheit des Arbeitsbündnisses in der Promotionsbetreuung ist, dass es dort nicht nur um die Bearbeitung, sondern auch um die Erzeugung intellektueller Krisen geht, um auf Neues zu stoßen. Dazu gehört die kritische Nachfrage, der Zwang zur Klärung oder die Öffnung von voreingerichteten Konzepten gleichermaßen. So hört man etwa von Betreuern: „Sie haben ein relativ klares Korsett, schnüren Sie es auf!“ An einem Beispiel aus einer sozialwissenschaftlichen Graduiertenschule kann man unmittelbar nachvollziehen, dass die Promotionsbetreuung im Rahmen der strukturierten Promotion keineswegs nur auf das schnelle Abschließen, sondern zudem auf die Öffnung von Forschungsfragen abzielt.

Dazu ein weiteres Beispiel aus unserem Projekt. In diesem Fall hat eine Doktorandin ein Einleitungskapitel verfasst und bespricht dies mit ihrem Betreuer. Der Doktorandin geht es vor allem um Korrekturen am Ende des Texts, sie möchte ihn offenbar abschließen.

> Dok.: „Sie hatten gemeint, dass der letzte Teil noch ein bisschen komplizierter, verzwickt wäre. Aber, also jeder feedback ist natürlich vollkommen in Ordnung."

Der Betreuer kritisiert dann jedoch die Gesamtkonstruktion des Texts. Ihm fehlt die klare Fragestellung und analytische Durchdringung des Gegenstands. Aus der fehlenden Ordnung des Texts leitet er Ungeordnetheiten in der Produktion und im Denken der Promovendin ab.

> Prof.: „Ich meine, wenn man das anfängt zu lesen, muss man von vornherein wissen, dass es eigentlich (ahm) erstmal um einen Literaturüberblick geht im Hinblick auf eine Fragestellung, die für den Leser erst mal implizit bleibt. Der weiß gar nicht genau, warum das da alles steht. [...] Haben Sie überhaupt eine Idee, dass Sie etwas erklären wollen, oder wollen sie nur das Wie eines Prozesses beschreiben."

Die anschließende Erläuterung der Doktorandin, dass sie sowohl Prozesse als auch Konzepte in ihrer Genese erklären will, weist der Betreuer mit der Forderung nach einer konsistenten Fragestellung zurück: „Das geht so nicht." Die Doktorandin wird so gezwungen, ihre Ideen zu überprüfen und sich mit der Kritik ihres Betreuers auseinanderzusetzen. Damit lässt er sie jedoch nicht allein. Das Gespräch setzt sich mit Vorschlägen fort, unter welchen Bedingungen der Text in einen wissenschaftlich tragfähigen Beitrag transformiert werde könnte.

### e) Mehrfachzurechnung von Problemen: Sache, Person oder institutioneller Kontext?

Auch wenn die Betreuung maßgeblich der Erzeugung und Bewältigung einer intellektuellen Geltungskrise dient, hat sie es immer auch mit lebenspraktischen Krisen zu tun. Der Nukleus dieser Grenzüberschreitung liegt in dem Umstand begründet, dass in allen Wissenschaften unklar ist, ob Produktionsprobleme der Sache oder der Person geschuldet sind. So schreibt die Wissenschaftssoziologin *Bettina Heintz*, dass selbst in der Mathematik gilt:

> „In der Praxis der Forschung geht es über weite Strecken darum zu entscheiden, ob eine Beobachtung subjektiv ist [...] oder ob sie ein objektives Merkmal der Aussenwelt darstellt.“[33]

Die Unsicherheit in der Zurechnung setzt sich oft in einem Zweifel an der eigenen Fähigkeit, Auffassungsgabe und Einschätzung fort, ob, wann und wie die Doktorarbeit beendet werden kann. Das Zurechnungsproblem drückt sich in der für Betreuungsgespräche typischen „Mischung aus pädagogischer Interaktion und Arbeitsbesprechungen von Forschern“[34] aus. Ein Schwanken zwischen Nähe und Distanz, zwischen distanziertem Fachdiskurs und zugewandter Aufmunterung ist die Folge. Am Beispiel eines Betreuungsgesprächs aus einem strukturierten Promotionsprogramm der Sozialwissenschaften kann man zudem sehen, dass neben Person und Sache eine weitere Zurechnungsinstanz tritt: Der Zeitplan als wesentliches Element der Projektförmigkeit verstärkt die Unsicherheit bei der Problemdiagnose zusätzlich.

Diese Probleme werden in einem weiteren Beispiel einer Betreuungsinteraktion virulent. Auf die Frage des Betreuers nach dem Fortgang der Arbeit – „Wie schaut *es* denn aus?“ – antwortet der Doktorand mit einer persönlichen Gemütslage: „Ich bin mittelzufrieden.“ Die Unzufriedenheit sieht der Doktorand zunächst nicht in der Sache begründet, sondern sie sei dem Zeitplan oder der eigenen Unfähigkeit geschuldet, diesen einzuhalten: „Also, der Zeitplan ist nicht so optimal, also, ich lieg nicht gut im Zeitplan.“ Der Betreuer tritt hingegen als Hüter der unverrückbaren Messlatte des Zeitplans auf, wenn er nach dem Ausmaß der Abweichung fragt, der ihm als Indikator für die Größe des Problems dient: „Was heißt nicht im Zeitplan?“ Nun geht der Doktorand auf die sachliche Unsicherheit ein, dass man nicht weiß, wann und unter welchen Umständen ein Text hinreichend überzeugend ist – „Ich produzier immer noch zu wenig fest“. Das geschilderte Schreibproblem ist in ähnlicher Weise strukturiert wie im Aphorismus „Woher soll ich wissen, was ich denke, bevor ich höre, was ich sage“. Ein „festes“ Argument entsteht erst im Schreibprozess, obwohl das geordnete Schreiben bereits einen stabilen Gedankengang voraussetzt. Aufgrund dieser Paradoxie ist es schwierig zu prognostizieren, ob und wann man einen überzeugenden und vertretbaren Text fertig produziert

33 *Heintz*, Die Innenwelt der Mathematik, Wien 2000, S. 116.

34 *Klüver*, Die Konstruktion der sozialen Realität Wissenschaft, Braunschweig 1988, S. 162.

haben wird. Die unsicheren Auskünfte, die man auf die Frage erhält, wann die Doktorarbeit fertig sein wird, zeugen davon.

Das Betreuungsgespräch kreist über mehrere Sitzungen um die mehrfache Zurechnung von Produktionsproblemen dieser Art. Mal ist die Sache („nicht wissen, was Sie schreiben sollen"), mal die Person („einfach nur der Schreibfrust") und mal der Zeitplan („es ist eher so die Zeit") verantwortlich. Entsprechend variieren die Interventionsformen von Schreibtipps über Aufmunterungen bis zur Erhöhung des Zeitdrucks.

Beispiele wie die hier vorgestellten machen deutlich, dass Promotionsbetreuung ein diffiziles Geschäft ist. Krisen vielfältiger Art sind bei einem Promotionsvorhaben zu erwarten. Sie gehören dazu. Eine Haltung im Stil eines „machen Sie mal" seitens der Betreuer ist dabei ebenso inadäquat wie eine, die darauf hinausläuft, die Probleme der Doktoranden selbst zu lösen. Vielmehr geht es darum, Probleme so herauszuarbeiten und für die Doktoranden verständlich zu machen, dass letztere sich deren Lösung als autonome Leistung zurechnen können.

## *IV. Fazit*

Wir haben anhand von empirischen Beispielen aus professionssoziologischer Sicht argumentiert, dass das Promovieren und die Promotionsbetreuung durch konstitutive Spannungen gekennzeichnete Tätigkeiten sind. Zwischen diesen Spannungen situations- und fallangemessen zu vermitteln, ist der Kern professionellen Handelns. Da dieser Vermittlungsakt kaum formalisiert werden kann, ist nicht davon auszugehen, dass die Promotionsbetreuung ohne ein persönlich gestiftetes Arbeitsbündnis mit seinen immanenten Unwägbarkeiten auskommen wird. Den gegenwärtig zu beobachtenden Standardisierungen und Formalisierungen sind insofern natürliche Grenzen auferlegt. Eine andere Frage ist es aber, ob man die strukturelle Krisenanfälligkeit des Promovierens und Betreuens auch thematisieren kann. Zweifelsohne hat der Druck im Hinblick auf einen schnellen und berechenbaren Promotionserfolg zugenommen. Das ist zum einen der gesteigerten Erwartung an eine wissenschaftliche Karriere geschuldet, in der die Promotion immer mehr nur einer neben vielen anderen Leistungsnachweisen ist. Die Sorge von Promovierenden um die zukünftige Karriere unterhöhlt die Promotionsphase als ein Moratorium, in dem man sich intellektuell ausprobieren kann. Zum anderen sind die strukturierten Programme selbst vom Nachweis des zügigen Promotionserfolgs abhängig, so dass in ihnen Erfolgskontrollen institutionalisiert werden. Betreuende sind hier nicht nur den Promovierenden, sondern auch den Programmen verpflichtet, weshalb die Frage, wann die Promotion vermutlich fertig sein wird, bis in die Auswahlprozesse von Promovierenden und in die Frühphase von Betreuungsinteraktionen vorgezogen wird. Die Frage ist dann aber, wie viel Offenheit in der Suche nach vielversprechenden Fragestellungen, wie viel „radikales Infragestellen als Grundhaltung“[35] noch möglich ist. Weil es für den Promotionserfolg aber keine Garantien, Techniken und Didaktiken gibt, ist es umso wichtiger, im Gespräch mit Förderern, Kollegen und Promovierenden den empirischen Normalfall zu betonen: dass Promovieren und Betreuen krisenanfällige Tätigkeiten sind.

35 Vgl. *Repgen*, „Rerum congnoscere causas“ – Überlegungen zum Promotionsstudium, in diesem Band, S. 11 ff.

# Die externe Governance der Promotionsphase: wer setzt die Standards?

*Arne Pilniok/Hans-Heinrich Trute*

## *I. Einleitung*

Es vergeht kaum ein Tag, an dem nicht über Sinn und Unsinn von Promotionen, deren Qualität, Betreuungsverhältnisse und vermeintliche Abhängigkeiten in der Öffentlichkeit diskutiert wird. Das geschieht mit mehr oder weniger Sachverstand, mehr oder weniger Vorurteilen. Nur wenige haben sich allerdings so sehr um dieses Thema verdient gemacht wie der fränkische Freiherr mit seinem exquisiten Verständnis von der Eigenständigkeit wissenschaftlicher Arbeit. Andere sind ihm nachgefolgt und haben der Wissenschaft eine veritable Debatte um die Qualität ihrer Nachwuchsarbeit beschert. Öffentlichkeit, Wissenschaft und Politik überbieten sich seitdem in neuen Vorschlägen zur Gestaltung der Promotion oder wie es – schon programmatisch – heißt: der Promotionsphase. Häufig hat man den Eindruck, dass manch einer seine hochschulpolitische Agenda längst vergangener Zeiten mit diesem Thema einer Frischzellentherapie unterzieht. Und nicht nur gelegentlich hat der interessierte Beobachter den Eindruck, dass Vorurteile gegenüber einzelnen Disziplinen, der akademischen Arbeit und deren Freiheitsansprüchen eine nicht geringe Rolle spielen. Manch einer wittert auch die Chance, endlich den Universitäten ein weiteres Alleinstellungsmerkmal gegenüber anderen Institutionen der Forschung und Lehre abspenstig zu machen und seine Einrichtung, die sich noch nie den Mühen der Gestaltung der Promotionsphase unterziehen musste – und dies schon gar nicht unter den Rahmenbedingungen der Universität –, nunmehr als Hort qualitätsgesicherter Promotion der Öffentlichkeit anzuempfehlen – einstweilen mit mäßigem Erfolg.

Die tatsächlichen oder vermeintlichen Defizite einer Promotionsphase, die an einem klassischen „Meister-Schüler-Verhältnis“ ausgerichtet ist, wurden vielfach, auch in diesem Band, benannt:[1] Herkömmlicherweise erfolgt die Annahme durch einzelne Hochschullehrer ohne Wissen der Universität. Die Betreuung ist heterogen und nur informell ausgestaltet. Die Bewertung fällt mit der Betreuungsfunktion zusammen. Eine institutionalisierte (Aus-)Bildung und Vernetzung ist nicht vorgesehen. In den Professionsfakultäten dient die Promotion vielfach als zusätzliche berufliche Qualifikation und nicht als Einstiegsvoraussetzung für eine wissenschaftliche Karriere. Damit geht eine hohe Zahl an ‚externen' Doktoranden einher, die sich der Organisation bis zum Abschluss weitgehend entziehen. Die Sicherung der guten wissenschaftlichen Praxis ist in der Vergangenheit in Dissertationen nicht durchgängig gelungen. An diese Kritikpunkte knüpft eine umfangreiche (wissenschafts-)politische Debatte um eine Reform der Promotionsphase an. Nun muss sich die Wissenschaft nicht beklagen, dass sie Aufmerksamkeit in der ansonsten dem Schicksal ihrer Universitäten oftmals mit distanzierter Gleichmütigkeit gegenüber stehenden Öffentlichkeit erregt, auch wenn man sich noch so sehr die Aufmerksamkeit für andere Facetten ihrer Situation gewünscht haben mag. Und in der Tat bietet die Diskussion auch Anlass, sich dem Thema im Wege der akademischen Reflexion zuzuwenden. Dies ist – anders als der in der Öffentlichkeit erweckte Anschein suggeriert – auch vielfach geschehen und hat zu inhaltlichen und institutionellen Reformen geführt.

Bei genauerer Betrachtung fällt allerdings auf, dass die Promotionsphase und ihre Gestaltung expemplarisch für die Grundstrukturen derzeitiger Universitätsreformen stehen und mit einer anhaltenden Umgestaltung der Governance-Strukturen der universitären Forschung zusammenhängen. Die interne Governance der Universitäten sowohl zwischen den Ebenen der Organisation als auch zwischen ihren Organen wird verschoben. Zugleich werden durch veränderte Finanzierungsmechanismen und neue Wettbewerbsverfahren für die Universitäten verstärkt Formen der externen Governance durch Forschungsförderorganisationen wirksam. Damit ist

---

1 Vgl. zur Defizitanalyse etwa mit Verortung in der europaweiten Diskussion *Enders*, Research and training careers in transition: a European perspective on the many faces of the Ph.D, in: Studies on Continuing Education 26 (2004), S. 419 ff.; *Hornbostel/Lottmann*, Promotionsstrukturen zwischen Autonomie und Koordination, in: Hornbostel (Hrsg.), Wer promoviert in Deutschland, Berlin 2012, S. 9 ff. sowie die Beiträge in Huber/Schelling/Hornbostel (Hrsg.), Der Doktortitel zwischen Status und Qualifikation, Berlin 2012; umfassende Dokumentation und Analyse im Bundesbericht Wissenschaftlicher Nachwuchs, 2013.

insbesondere verbunden, dass sich die Universitäten als Akteure konstituieren müssen, die strategisch agieren.[2] Insofern ergeben sich neue Zusammenhänge. Lange war klar: Das Promotionsrecht liegt bei den Fakultäten und Fachbereichen der Universitäten, die dies weitgehend autonom regulieren. Die genaue Ausgestaltung aller angesprochenen Aspekte nehmen sie im Rahmen der Selbstverwaltung in den Promotionsordnungen vor. Die Hochschulgesetze bieten zumeist nur allgemeine Programmklauseln hinsichtlich der Promotion und eröffnen damit den Fakultäten einen weiten Regelungsspielraum. Dieses Arrangement bleibt formal auch unangetastet. Aber durch die veränderte staatliche Steuerung, die anders ausgerichteten internen Governance-Strukturen sowie die neuen Formen der externen Governance ergeben sich erweiterte Regelungsstrukturen, die gemeinsam in den Blick genommen werden müssen.

Diesen Zusammenhängen widmet sich dieser Beitrag. In einem ersten Schritt werden die Veränderungsprozesse der universitären Forschung knapp skizziert (II.). Daran schließt eine eingehende Analyse der Mechanismen der externen Governance der Doktorandenausbildung durch unterschiedliche Akteure an (III.). Auf dieser Grundlage können die Konsequenzen hinsichtlich der Wirksamkeit zur Beseitigung der Defizite, der Folgen für die interne Governance und die Legitimationsfragen diskutiert werden (IV.), bevor zusammenfassende Thesen entwickelt werden (V.).

## *II. Die Veränderungen universitärer Governance*

Das noch am Ende des letzten Jahrhunderts ungeachtet föderaler Differenzierungen gleichwohl relativ homogene Hochschulsystem ist in Deutschland einer erheblichen Transformation unterworfen worden. Dies gilt nicht nur im Hinblick auf die Lehre, die mit der Institutionalisierung des Bologna-Systems zu einer deutlich größeren Varianz der Studienangebote geführt hat, sondern auch für die Forschung. Die Gründe dafür sind vielfältig. Sie reichen von veränderten Leitbildern staatlicher Aufgaben über ständig steigende Studierendenzahlen, Verknappung der Mittel bis hin zu endogenen Veränderungen der Forschungspraxis in einer Reihe von Feldern, ganz zu schweigen von der Vervielfältigung der Akteure der Wis-

2 Vgl. *Meier*, Die Universität als Akteur: zum institutionellen Wandel der Hochschulorganisation, Wiesbaden 2009.

senschaftspolitik, etwa durch die EU.[3] Bei der Fokussierung auf einzelne institutionelle Elemente, Einrichtungen oder größere Programme, wie etwa die Exzellenzinitiative, wird leicht verkannt, dass diese Transformation nur durch mehrere miteinander verbundene Elemente erreicht werden konnte, also die Governance-Struktur insgesamt im Blick behalten werden muss. Dazu gehörte zunächst die Umgestaltung der Hochschulen (und anderen Forschungseinrichtungen) entlang der Prinzipien des *New Public Managements*, die Verknappung der Grundfinanzierung der Einrichtungen durch deren Träger und größere, wettbewerblich ausgerichtete Programme.[4] Das Zusammenwirken der Träger der Einrichtungen und anderer Akteure des Wissenschaftssystems, wie etwa des Wissenschaftsrates und der Deutschen Forschungsgemeinschaft, haben eine gewisse Stratifizierung des Hochschulsystems und eine Diversifizierung der Einrichtungsprofile zur Folge gehabt.

Im Gegensatz zu dem rechtlich in extenso begleiteten Übergang von der sog. Ordinarien- zur Gruppenuniversität in den 1960er Jahren, der wesentlich auf eine Binnen-„Demokratisierung" der Universität zielte, ist im Übergang zum *New Public Management* nicht etwa nur das Binnenverhältnis relevant, sondern ebenso das Verhältnis zum politisch-administrativen System und auch zu anderen gesellschaftlichen Teilsystemen.[5] Im Folgenden werden nur knapp die Grundlinien der Reform skizziert, wobei zugunsten der Verständlichkeit naturgemäß vielfältige Nuancen nivelliert werden müssen.

Eines der Leitbilder der Reform, mindestens ihrer Semantik, ist die Verstärkung einer wettbewerblichen Orientierung in Forschung, Lehre

---

3 *Trute/Pilniok*, Von der Ordinarien- über die Gremien- zur Managementuniversität? Veränderte Governance-Strukturen der universitären Forschung und ihre normativen Konsequenzen, in: Jansen (Hrsg.), Neue Governance für die Forschung, Baden-Baden 2009, S. 21-35; *Grande/Jansen/Jarren/Schimank/Weingart,* Die neue Governance der Wissenschaft, in: Grande/Jansen/Jarren/Rip/Schimank/Weingart (Hrsg.), Neue Governance der Wissenschaft, Bielefeld 2013, S. 15 ff.; *Trute*, Die politische und finanzielle Steuerung von Universitäten (i.E.); zur EU im Zusammenwirken mit den nationalen Förderinstanzen *Pilniok*, Governance im europäischen Forschungsförderverbund, Tübingen 2011.

4 Allgemein dazu und zum Folgenden die Beiträge in Grande/Jansen/Jarren/Rip/Schimank/Weingart (Hrsg.), Neue Governance der Wissenschaft (Fn. 3) und Jansen (Hrsg.), Neue Governance für die Forschung (Fn. 3).

5 Vgl. auch *Braun*, Wie nützlich darf Wissenschaft sein? Zur Systemintegration von Wissenschaft, Ökonomie und Politik, in: Schimank/Lange (Hrsg.), Governance und gesellschaftliche Integration, Wiesbaden 2004, S. 65 ff.

und Administration. Dafür allerdings war die Strategiefähigkeit der Universitäten und der Fakultäten notwendig. Dies hat Konsequenzen sowohl für die Handlungsspielräume der Leitungsebenen als auch für daran orientierte interne Strukturen. Im Kontext der ersteren waren vergrößerte Handlungsspielräume der Einrichtungen erforderlich, sowohl was die eigenständige Ausbildung von Profilen als auch die dazu erforderlichen Ressourcen in personeller, sachlicher und finanzieller Hinsicht angeht. Dies sollte die Rücknahme eines Mikro-Managements der staatlichen Hochschulverwaltungen zur Folge haben.[6] Wettbewerbsfähigkeit und kleinteiliges staatliches Mikromanagement vertragen sich nicht.

Die Etablierung von Ziel- und Leistungsvereinbarungen oder Hochschulpakten und die Schaffung von Hochschulräten, die verbleibende staatliche Verantwortung modellkonsistent instrumentieren sollten, sind folgerichtige Elemente, die das Verhältnis zum Staat verändern sollten. Es entspricht der Logik des Neuen Steuerungsmodells, die klassischen administrativen Einwirkungsmöglichkeiten der staatlichen Hochschulverwaltung abzubauen und durch Verträge zu ersetzen, die die Autonomie, aber auch die Verantwortung der Hochschulen für die Ergebnisse ihres Handelns betonen. Staatliche Verantwortung und Hochschulautonomie sollten so neu aufeinander abgestimmt werden.

Konsequenterweise müssen diese Veränderungen von Modifikationen der internen Entscheidungsstrukturen begleitet werden. Die Managementfunktion ist gegenüber der akademischen Selbstverwaltung gestärkt worden, und dies auf beiden Ebenen der Universität. Insoweit ist eine erhebliche Erweiterung der Kompetenzen der Managementselbstverwaltung zu Lasten der klassischen akademischen Selbstverwaltung zu beobachten. Das betrifft etwa den Abschluss von Ziel- und Leistungsvereinbarungen sowohl mit dem Land als auch innerhalb der Einrichtungen, die Verwendung der Ressourcen, die Struktur- und Entwicklungsplanung und in manchen Bundesländern auch das Berufungsrecht. Die Vorstellungen der Länder sind an diesem Punkt nicht nur sehr unterschiedlich, sie sind teilweise auch durch ein fortbestehendes Vertrauen in eine hierarchische Steuerung von Einrichtungen der Wissenschaft mindestens als Subtext gekennzeichnet. Dies ist durchaus erstaunlich und lässt erwarten, dass die Steuerungsphantasien von Leitungsorganen immer wieder an ihren kognitiven Vor-

6 Dabei ist offen, ob und in welchem Umfang dies jeweils auch erreicht ist, zumal die Prinzipien des New Public Managements kaum je die Ebene der staatlichen Hochschulverwaltungen selbst beeinflusst haben.

aussetzungen scheitern werden – freilich gelegentlich mit beträchtlichen Kosten für die betroffenen Wissenschaftler. Wissenschaftseinrichtungen unterscheiden sich – das weiß man seit langem – erheblich von anderen Organisationsformen.[7] Ihre Governance-Formen müssen der Wissensproduktion entsprechen. Bei der Wissenschaft handelt es sich um eine dezentrale, aber auf wechselseitiger Beobachtung der Entwicklung beruhende kollektive Form der Wissensproduktion,[8] die vielfältige Wege zur Lösung von Problemen ermöglicht und daher einerseits vorgeblicher Effizienz hierarchischer Koordination widerspricht und andererseits vielfältige Wissensdefizite zur Folge hat, je weiter sich Entscheidungen von den wissenschaftlichen Kommunikations- und Handlungszusammenhängen entfernen.

Als letztes Element ist die schon erwähnte relative Absenkung der Grundfinanzierung zu nennen bei gleichzeitiger Schaffung von Anreizstrukturen zur Einwerbung von Drittmitteln und der Auflegung von großen, wettbewerblich ausgerichteten Förderprogrammen, die Strukturveränderungen zur Folge haben. Dadurch wird eine Selbsttransformation der Einrichtungen angereizt, die noch verstärkt wird, wenn die Einwerbung von Drittmitteln zusätzlich extern oder intern prämiert wird. Dies eröffnet externen Prinzipalen Einfluss auf die Einrichtungen: Wer Drittmittel haben will, kauft sich externe Governance ein.[9] Diese ist umso intensiver, je abhängiger die Einrichtung von den Mitteln wird und je deutlicher der externe Prinzipal eigene Strukturvorstellungen mit der Förderung verbindet.

Hierbei sollte ein wesentlicher Effekt nicht unbeachtet bleiben. Die Betonung der Managementfunktion hat nicht nur einer gewissen Hierarchisierung Vorschub geleistet, sie hat auch eine Verschiebung von Aufgaben auf die Verwaltung der Einrichtungen zur Folge gehabt. Diese zieht immer mehr Aufgaben an sich, die man früher mit der Bezeichnung akademisch weitgehend ihrem Einfluss entzogen hat. Das ist in gewisser Weise nur konsequent. Denn die gestiegenen Managementanforderungen, die sich

---

7 Vgl. dazu und den rechtlichen Konsequenzen bereits *Trute,* Die Forschung zwischen grundrechtlicher Freiheit und staatlicher Institutionalisierung, Tübingen 1994, S. 328 ff.

8 Ausführlich dazu *Gläser*, Wissenschaftliche Produktionsgemeinschaften: die soziale Ordnung der Forschung, Frankfurt/M. 2006; *Grande et. al.*, Neue Governance der Wissenschaft (Fn. 3), S. 23; *Trute*, Ungleichzeitigkeiten in der Dogmatik: das Wissenschaftsrecht, in: Die Verwaltung 1994, S. 301 (306).

9 *Rohe*, Diskussionsbemerkung, in: Jansen (Hrsg.), Neue Governance für die Forschung (Fn. 3), S. 120.

Wissenschaftler eher bei Gelegenheit und nicht systematisch aneignen, sind ohne ein gewisses Maß an Professionalisierung nicht zu bewältigen. Diese werden der Verwaltung überlassen. Diese entwickelt vor dem Hintergrund gestiegener externer Kontroll- und Berichtspflichten auch neue Standardroutinen und als Unterstützung von Profilierungsinteressen der Leitungen immer neue Vorstellungen, die sich als eine Verallgemeinerung von Empfehlungen und Erfahrungen benevolent lesen lassen, aber nicht unbedingt so gelesen werden müssen. Dies führt dazu, dass auch jenseits der kleinteiligen Kennziffernbürokratie über gute Lehre, aussichtsreiche Forschungsanträge, akademische Personalentwicklung, sinnvolle Promotionsstrukturen etc. zunehmend in administrativen Zusammenhängen (mit-)entschieden wird.

## *III. Agenten der Veränderung der Promotionsphase*

Die Akteure der Wissenschaftspolitik und Forschungsförderung haben eine Reform der Promotionsphase durchgängig auf der Agenda. Angesichts der Vielzahl an Aktivitäten in diesem Zusammenhang können an dieser Stelle nur einige grundlegende Entwicklungen skizziert werden. Wie sich zeigen wird, sind – jedenfalls innerhalb Deutschlands – die dabei in der Regel fachunabhängig entworfenen Modelle der Doktorandenausbildung erstaunlich ähnlich. Insbesondere die Forschungsförderorganisationen nutzen die Möglichkeit, diese Modelle und die darauf beruhenden Standards im Rahmen der Förderung auch durchzusetzen. Insofern setzen sie einerseits die Öffnung der Universitäten für die externe Governance voraus,[10] andererseits streben sie eine Veränderung der internen Governance-Mechanismen der Universitäten an und können mit diesen in Konflikt geraten.

---

10 Dazu etwa *Trute/Pilniok*, Von der Ordinarien- über die Gremien- zur Managementuniversität? (Fn. 3), S. 21 ff.

### *1. Konturen eines neuen Modells*

#### *a) Wissenschaftsrat*

Unter dem Eindruck der besonders prominenten Skandale um wissenschaftliches Fehlverhalten in Promotionen hat der Wissenschaftsrat 2011 seine „Anforderungen an die Qualitätssicherung der Promotion“[11] vorgelegt. Zwar kann der Wissenschaftsrat die dort formulierten Standards nicht auch durch Förderentscheidungen faktisch in den Universitäten durchsetzen. Die besondere Aufmerksamkeit für die Empfehlungen des Wissenschaftsrats – etwa aufgrund der Entscheidungsstruktur – und daraus erwachsende Legitimationsbedürfnisse gegenüber Universitätsleitungen und Wissenschaftsministerien lassen dieses Dokument durchaus diskursprägend werden.[12]

Ausgangspunkt des Wissenschaftsrats ist die Heterogenität der Fachkulturen, die sich in unterschiedlichen Funktionen, Anforderungen und dementsprechend auch Promotionsquoten niederschlägt.[13] Die vom Wissenschaftsrat vorgeschlagenen Standards sollen dementsprechend die Fachkulturen berücksichtigen und sind in erster Linie an die Fakultäten adressiert. Das wissenschaftliche Arbeiten mit der Zielrichtung der Promotion vermittelt – wie der Wissenschaftsrat formuliert – einen „Kompetenzgewinn“ für anschließende Tätigkeiten inner- und außerhalb der Wissenschaft. Trotz dieser Semantik wird die Promotionsphase dabei als eine Zeit eigenständiger – wenn auch gut betreuter – Forschung verstanden und nicht als dritter Studienabschnitt, der auf Bachelor- und Masterphase folgt.[14]

Die Vorschläge des Wissenschaftsrates lesen sich durchaus wie eine Blaupause für die Re-Formulierung der Promotionsordnungen. Sie beste-

---

11 Wissenschaftsrat, Anforderungen an die Qualitätssicherung der Promotion, WR-Drs. 1704/11.

12 Ausführlich zu Aufgaben und Wirkungen des Wissenschaftsrates *H. C. Röhl*, Der Wissenschaftsrat, Baden-Baden 1994; zu den Wirkungen auch schon *Trute*, Die Forschung zwischen grundrechtlicher Freiheit und staatlicher Institutionalisierung (Fn. 7), S. 711.

13 Wissenschaftsrat, Anforderungen an die Qualitätssicherung der Promotion (Fn. 11), S. 10 ff.

14 Wissenschaftsrat, Anforderungen an die Qualitätssicherung der Promotion (Fn. 11), S. 11; zu diesem Modell in der Schweiz siehe *Cottier*, in diesem Band, S. 75 ff.

hen im Wesentlichen aus vier Elementen:[15] Erstens soll die kollegiale Verantwortung in der Eingangsphase gestärkt werden. Dies geschieht nach diesem Modell durch die Zuständigkeit des Promotionsausschusses für die Annahme von Doktoranden sowie die Begleitung durch ein Promotionskommittee. Zweitens fordert der Wissenschaftsrat eine Formalisierung der Betreuungsverhältnisse durch Betreuungsvereinbarungen sowie der qualitätsorientierten Beschränkung der Promovenden nicht zuwiderlaufende Maßstäbe und Verfahren der Mittelallokation. Besondere Aufmerksamkeit ist demzufolge der Betreuung der externen Promovenden zu widmen. Drittens spricht sich der Wissenschaftsrat für eine Stärkung der Unabhängigkeit der Begutachtung durch Trennung von der Betreuung und ein vom Erstgutachten getrennt erstelltes Zweitgutachten aus. Schließlich fordert der Wissenschaftsrat – viertens – eine Umstellung der differenzierten Notenskala auf eine binäre. Darüber hinaus ist eine fachspezifische Diskussion über Qualitätsstandards aus der Sicht des Wissenschaftsrats erforderlich.[16] Der Wissenschaftsrat hat in den „Perspektiven für die Rechtswissenschaft in Deutschland" explizit an diese Standards angeknüpft.[17] Über diese hinaus werden fachspezifisch Mindestnoten für Promovierende, verpflichtende Veranstaltungen zur Einübung guter wissenschaftlicher Praxis sowie die Einführung von Doktorandenkolloquien gefordert.[18]

In den Empfehlungen zum Wissenschaftssystem hat sich der Wissenschaftsrat jüngst eher der institutionellen Seite angenommen[19] und sich für ein modifiziertes Nachfolgeprogramm für thematisch orientierte Graduiertenschulen der Exzellenzinitiative ausgesprochen. Durch den Aufbau von (zentralen) Graduiertenzentren sollen die fächerübergreifende Strukturierung der Doktorandenqualifizierung, der Promotionsprozesse und deren Qualitätssicherung über alle Fakultäten hinweg unterstützt und fächerüber-

---

15 Zum Folgenden: Wissenschaftsrat, Anforderungen an die Qualitätssicherung der Promotion (Fn. 11), S. 15 ff.

16 Vgl. dazu *Rixen*, Qualität rechtswissenschaftlicher Promotionen, in diesem Band, S. 23 ff.

17 Wissenschaftsrat, Perspektiven der Rechtswissenschaft in Deutschland, WR-Drs. 2558-12, S. 9.

18 Wissenschaftsrat, Perspektiven der Rechtswissenschaft in Deutschland (Fn. 17), S. 46.

19 Wissenschaftsrat, Perspektiven des deutschen Wissenschaftssystems, WR-Drs. 3228-13.

greifende Ausbildungsangebote unterbreitet werden.[20] Diese auch der überuniversitären Kooperation etwa mit den Fachhochschulen dienenden Einrichtungen, die allen Doktoranden unabhängig von ihrer Finanzierung offenstehen, sollen in der Organisationsform eines Graduiertenzentrums im Rahmen der Kernaufgaben der Universität etabliert werden.[21]

Diese zentral angelegte Einrichtung muss an sich, wie auch die Graduiertenschulen der Exzellenzinitiative, die in der Regel schon überfachlich ausgerichtet waren, in die Governance-Struktur der Universitäten eingepasst werden. Dazu findet sich freilich nichts in den entsprechenden Papieren. Angesichts der Sogwirkung der Finanzierung kann diese Einpassung offenkundig unterstellt werden.

### *b) Hochschulrektorenkonferenz*

Die Hochschulrektorenkonferenz befasst sich beständig mit verschiedenen Aspekten der Gestaltung der Promotionsphase.[22] Zuletzt wurde eine Empfehlung an die Hochschulen „Zur Qualitätssicherung in Promotionsverfahren" vorgelegt,[23] die sich nur in Nuancen von der Position des Wissenschaftsrates unterscheidet. Darin distanziert sich die HRK deutlich von dem Modell der Promotion als einer dritten Studienphase und hebt die eigenständige Forschungsleistung hervor, die durch die Promovierenden als Nachwuchswissenschaftler erbracht werde.[24] Betont wird die institutionelle Verantwortung, die den Universitäten und Fakultäten für die Ausgestaltung der Promotionsphase und ihrer Qualitätssicherung zukommt und

---

20 Wissenschaftsrat, Perspektiven des deutschen Wissenschaftssystems (Fn. 19), S. 41.

21 Wissenschaftsrat, Perspektiven des deutschen Wissenschaftssystems (Fn. 19), S. 42.

22 Entsprechend der Mitgliederstruktur der HRK sowie ihrer Rolle als Förderer einer Reform der Studienstrukturen setzt die HRK einen Schwerpunkt auf die Möglichkeit für die Absolventen von Fachhochschulen zur Promotion. Diese Diskussion wird hier nicht weiter aufgenommen.

23 HRK, Zur Qualitätssicherung in Promotionsverfahren, Beschluss vom 23. April 2012, abrufbar unter http://www.hrk.de/uploads/tx_szconvention/Empfehlung_Qualitaetssicherung_Promotion_23042012.pdf (25.3.2015).

24 HRK, Zur Qualitätssicherung in Promotionsverfahren (Fn. 23), S. 2. Bemerkenswert ist, dass die HRK dabei im Gegensatz zum Wissenschaftsrat deutlich auf die Bezüge zur europäischen Diskussion durch verschiedene wissenschaftpolitische Organisationen auf der europäischen Ebene hinweist.

Konsequenzen für alle Elemente der Doktorandenausbildung hat. Dies beginnt bereits bei der Auswahl der Promovierenden, die in einem geregelten Verfahren nach transparenten Kriterien erfolgen soll. Auch wenn dies nicht ganz klar ausgesprochen wird, so lässt bereits die exemplarische Aufzählung von Auswahlformen keinen Zweifel daran, dass die Entscheidungskompetenz damit vom einzelnen Betreuer weg in die Verantwortung der Fakultät und ihrer Gremien gelegt wird. Zur institutionellen Verantwortung gehört nach Ansicht der HRK auch der verpflichtende Abschluss einer Betreuungsvereinbarung mit mindestens zwei Betreuern.[25] Hervorgehoben wird in der Empfehlung die Notwendigkeit eines angemessenen wissenschaftlichen Umfeldes, etwa durch „Themencluster" von Promovierenden sowie die Einbettung in internationale wissenschaftliche Netzwerke.[26] Diese Anforderungen dürften nur schwer mit externen Promotionen zu vereinbaren sein. Die HRK spricht sich dann auch sehr offensiv für unterschiedliche Formen der strukturierten Promotionsprogramme aus.[27] Im Gegensatz zur Stellungnahme des Wissenschaftsrats werden – da die Promotion nicht nur für eine wissenschaftliche, sondern auch für eine außerwissenschaftliche Karriere qualifizieren soll – ausdrücklich Qualifizierungsangebote für Lehrtätigkeiten, aber auch für andere überfachliche Kompetenzen verlangt.[28] Schließlich fordert die HRK zwar ebenso wie der Wissenschaftsrat Reformen der Begutachtung der Dissertationen. Diese sind allerdings zurückhaltender:[29] Die Empfehlung der HRK spricht sich dafür aus, dass Erst- und Zweitgutachten unabhängig voneinander erstellt werden, der Betreuer aber nicht von der Begutachtung ausgeschlossen wird. Die Notendifferenzierung will die HRK beibehalten, spricht sich aber für eine fachspezifische Konkretisierung aus.

---

25 Anders als in den Empfehlungen des Wissenschaftsrats wird dabei allerdings kein Betreuungskommittee aus drei gleichberechtigten Mitgliedern nach US-amerikanischem Vorbild angestrebt; die HRK spricht stattdessen von einem „Haupt-Betreuer" und einem „zusätzlichen Ansprechpartner", siehe HRK, Qualitätssicherung in Promotionsverfahren (Fn. 23), S. 5.

26 HRK, Zur Qualitätssicherung in Promotionsverfahren (Fn. 23), S. 4 f.

27 HRK, Zur Qualitätssicherung in Promotionsverfahren (Fn. 23), S. 3.

28 HRK, Zur Qualitätssicherung in Promotionsverfahren (Fn. 23), S. 6.

29 HRK, Zur Qualitätssicherung in Promotionsverfahren (Fn. 23), S. 6.

### 2. Förderung des neuen Modells durch Mechanismen externer Governance

#### a) DFG

Die Deutsche Forschungsgemeinschaft gehört zu den Forschungsförderorganisationen, die durch ihre Förderformate aufgrund der Orientierungsfunktion wie des Finanzierungsvolumens zu den besonders wirkmächtigen Akteuren der externen Governance der Promotionsphase zählen. Diese Effekte werden maßgeblich durch die Setzung entsprechender Standards in den Begutachtungskriterien sowie den begleitenden Dokumenten zur Antragstellung erzeugt. Aufgrund der finanziellen Anreizwirkung im Rahmen der Umstellung der Governance-Strukturen der universitären Forschung wie auch der Reputationseffekte erfolgreicher Anträge haben die Universitäten und Fakultäten faktisch keine Alternative zur Anpassung an diese Standards. Diese These lässt sich insbesondere an den Graduiertenkollegs und den auf diesem Format aufbauenden Graduiertenschulen im Rahmen der Exzellenzinitiative des Bundes und der Länder verdeutlichen.

Anknüpfend an Modellversuche verschiedener Förderorganisationen seit Mitte der 1980er Jahre fördert die DFG seit 1990 mit den Graduiertenkollegs eine spezifische Form der strukturierten Doktorandenausbildung.[30] Zu den Begutachtungskriterien der Graduiertenkollegs zählt neben dem Forschungsprogramm, den beteiligten Wissenschaftlern und dem institutionellen Umfeld das Qualifizierungs- und Betreuungskonzept der Antragsteller. Die vergleichsweise abstrakten Aspekte, die dort genannt werden, sind „überzeugende Betreuungsstrukturen“, die einen „geregelten, transparenten und zügigen Promotionsprozess“ gewährleisten sollen. Dies wird allerdings in den Leitfäden für die Antragstellung deutlich konkretisiert.[31] Diesen Dokumenten kommt zwar keine für die Begutachtung verbindliche Funktion zu, aber sie skizzieren das Leitbild, das die DFG den Graduier-

30 Zur Entwicklung: Monitoring des Förderprogramms Graduiertenkolleg, Bericht 2011, http://www.dfg.de/download/pdf/dfg_im_profil/evaluation_statistik/programm_evaluation/bericht_dfg_monitoring_grk_2011.pdf (25.3.2015). Gegenwärtig fördert die DFG dem Bericht zufolge ca. 250 laufende Graduiertenkollegs mit einem Volumen von rund 550.000 Euro pro Jahr.

31 Leitfaden für die Antragstellung: Graduiertenkollegs und Internationale Graduiertenkollegs, DFG-Vordruck 54.05. Für eine eingehendere Analyse, die hier nicht geleistet werden kann, wäre eine Entwicklungsgeschichte dieser Kriterien von Interesse.

tenkollegs zugrunde legt und das insofern auch weitgehende Berücksichtigung finden dürfte. Im Einklang mit den oben skizzierten wissenschaftspolitischen Positionen wird ein institutionelles Aufnahmeverfahren vorausgesetzt, das „leistungsbezogen und transparent" sein soll. Eine Einzelbetreuung der Promotion wird zugunsten einer Teambetreuung ausgeschlossen. Eine Betreuungsvereinbarung einschließlich eines fixierten Zeitplans wird nicht zwingend gefordert, aber deutlich nahegelegt. Das Studienprogramm ist entsprechend des Förderformats eine wesentliche Voraussetzung. Es muss auf die Komponenten zur Vermittlung von Schlüsselqualifikationen und Regeln guter wissenschaftlicher Praxis eingestellt werden.

Graduiertenschulen im Rahmen der Exzellenzinitiativen sind deutlich nach dem Muster der Graduiertenkollegs geformt worden. Dementsprechend bauen auch die Begutachtungskriterien und formulierten Leitlinien darauf auf: Neben der Einbettung in die Universität sowie den übergreifenden Kriterien wie Internationalität und Gleichstellung sind das Qualifizierungsprogramm sowie die Rekrutierung, das Betreuungskonzept und der Status der Promovierenden von entscheidender Bedeutung. Das Merkblatt der DFG zur Antragserstellung setzt dazu ausdrücklich einen „strukturierten Promotionsprozess, der ein definiertes Betreuungskonzept inklusive Betreuungsvereinbarungen sowie ein differenziertes Qualifikationsprogramm beinhaltet und in der Promotionsordnung verankert ist"[32], voraus. Die von der DFG zur Verfügung gestellte Musterordnung für Graduiertenschulen[33] und die detaillierten „Empfehlungen" zur inhaltlichen Ausgestaltung von Betreuungsvereinbarungen[34] machen dabei die Intensität und die Intentionalität der Durchsetzung spezifischer Standards auf diesem Weg besonders anschaulich.

Die DFG hat darüber hinaus die vom Wissenschaftsrat vorgeschlagenen zentralen Graduierteneinrichtungen als institutionelle Neuerung begrüßt[35] und darauf hingewiesen, dass die Universitäten die Programmanregung durch die Exzellenzinitiative erfolgreich aufgenommen und in eigene

32 Merkblatt Graduiertenschulen, abrufbar unter http://www.dfg.de/formulare/exin201/exin201.pdf (25.3.2015).

33 Abrufbar unter http://www.dfg.de/formulare/exin21/exin21_rtf (25.3.2015).

34 Abrufbar unter http://www.dfg.de/formulare/1_90/1_90.pdf (25.3.2015).

35 DFG, Positionspapier der DFG zur Zukunft des Wissenschaftssystems, 2013, S. 6; http://www.dfg.de/download/pdf/dfg_im_profil/reden_stellungnahmen/2013/130704_dfg-positionspapier_zukunft_wissenschaftssystem.pdf (25.3.2015).

Maßnahmen zur Errichtung und zum Betrieb von überfachlichen Dachstrukturen überführt hätten. Eine ausgeprägtere Forschungsorientierung in der strukturierten Doktorandenausbildung könne insbesondere dort erzielt werden, wo die Graduiertenkollegs in von den Universitäten selbst getragene überfachliche Strukturen der Doktorandenbetreuung (Graduiertenschulen) integriert werden könnten. Gerade letzteres ist bemerkenswert, denn auf diese Weise werden über den Hebel der Förderung die Kollegs aus den Fakultäten hinaus auf die zentrale Ebene gehoben und so das Promotionsrecht der Fakultäten einer institutionellen Neubewertung unterzogen, ohne dass dies allerdings ausgewiesen würde.[36] Graduiertenzentren sind damit für zwei der wichtigsten standardsetzenden Akteure des Wissenschaftssystems ein zentrales institutionelles Strukturelement der Weiterentwicklung der Promotionsphase.

Alle diese Anforderungen eines „neuen Modells“ der Doktorandenausbildung müssen rechtlich abgebildet werden. Dies legt eine Antizipation der Anforderungen durch die Fakultäten nahe, um die Chancen der Mittelallokation nicht zu mindern. Insoweit sind die Fakultäten auch in die inneruniversitären Governance-Strukturen eingebunden, die entsprechende Änderungen anstreben. Diese Anpassung kann auch durch eigenständige Promotionsordnungen für ein Graduiertenkolleg oder eine Graduiertenschule erfolgen. Nicht selten dürfte es jedoch zu einer Reform der umfassend geltenden Promotionsordnung und ihrer Ausrichtung an den DFG-Kriterien kommen, was zugleich zu einer Homogenisierung über die Fächer hinweg beiträgt. Für die Plausibilität dieser These spricht – auch wenn andere Reformimpulse ebenso eine Rolle spielen können – die derzeit zu beobachtende Häufigkeit der Änderung von Promotionsordnungen.[37]

---

36 Als ein Governance-Problem ausgewiesen wird dies in Wissenschaftsrat, Perspektiven des deutschen Wissenschaftssystems (Fn. 19), S. 52 und als intermediäre Ebene insbesondere bei multidisziplinären Anforderungen bei gleichzeitiger Erhaltung der Verantwortung der Fakultäten für die disziplinären Angelegenheiten beschrieben. Ob dies angesichts der ebenfalls vorherrschenden Betonung interdisziplinärer Projekte langfristig eine angemessene Lösung ist, bedürfte der weiteren Diskussion.

37 *Blümel et al.*, Wirklichkeit und Praxis der Doktorandenerfassung und Qualitätssicherung von Promotionen an deutschen Hochschulen, in: Hornbostel (Hrsg.), Wer promoviert in Deutschland?, Berlin 2012, S. 54: Zwei Drittel der aktuell gültigen Promotionsordnungen wurden zwischen 2005 – dem Beginn der Exzellenzinitiative – und 2012 erlassen.

### b) Promotionsförderung durch Stiftungen

Darüber hinaus rücken die Stiftungen hinsichtlich ihrer Doktorandenförderung in den Blick.[38] Klassischerweise vergeben die Begabtenförderungswerke Stipendien für Promovierende nach jeweils organisationsspezifischen Kriterien ohne strukturelle Wirkungen oder Absichten. Auch wenn dies nach wie vor den Normalfall darstellt, so ist doch bemerkenswert, dass auch die Stiftungen teilweise auf eine Strukturförderung umstellen. Diese Fördermaßnahmen zielen auf ähnliche Effekte wie die eben skizzierten Ansätze der DFG, dürften diese aber aufgrund des deutlich geringeren Fördervolumens nur verstärken und nicht selbst erzeugen können. Besonders deutlich wird dieses Förderformat bei der Hans-Böckler-Stiftung, die mehrere entsprechende Angebote macht.[39] So werden Promotionskollegs an Universitäten und Nachwuchsforschergruppen gefördert, die allerdings nicht in gleichem Maße die Umstellung auf ein neues Auswahl- und Betreuungsmodell verlangen, sondern primär an einem inhaltlichen Studienprogramm ausgerichtet sind. Zudem wird durch die Förderung bereits vorhandener Graduiertenzentren deren Wirksamkeit verstärkt. Auch andere Stiftungen machen vereinzelt Angebote, die eine strukturierte Doktorandenausbildung an den Universitäten fördern sollen.[40]

### c) Europäische Union

Die Konfliktlinie zwischen den unterschiedlichen Perspektiven auf die Promotionsphase – dritte Studienphase versus erste Stufe einer wissenschaftlichen Laufbahn („early stage researcher“) – spiegelt sich unmittelbar in den Politiken und den administrativen Zuständigkeiten der Europäischen Union wider. Einerseits wird das Thema der begrenzten Förder- und Unterstützungskompetenz der Union im Bereich der Hochschulbildung gem. Art. 165 AEUV zugerechnet, andererseits der Forschungspoli-

38 Die Max-Planck-Gesellschaft die hinsichtlich ihrer Graduiertenschulen auch noch als Akteur der externen Governance in Betracht kommt, stellt – soweit ersichtlich – keine entsprechenden Anforderungen an die Binnensteuerung der kooperierenden Universitäten.

39 Näheres zu den folgenden Formaten unter http://www.boeckler.de/93.htm (25.3.2015).

40 Die Heinrich-Böll-Stiftung und die Rosa-Luxemburg-Stiftung fördern ebenfalls Promotionskollegs.

tik der Union gem. Art. 179 ff. AEUV. Dementsprechend wird der Gegenstand gleichzeitig von der Generaldirektion Bildung und Kultur sowie von der Generaldirektion Forschung mit jeweils unterschiedlichen Zielen und Handlungslogiken behandelt. Gemeinsam ist beiden, dass – wie bei Fördermaßnahmen der Europäischen Union insgesamt – sich starke Steuerungsambitionen entlang von europäischen Standards mit der finanziellen Förderung verbinden.

Programmatischer Ausgangspunkt sind die „EU Principles for Innovative Doctoral Training“, die allerdings nur als Arbeitsdokument der Kommissiondienststellen ausgestaltet sind und daher nur ein Leitbild skizzieren können.[41] Neben der angestrebten Exzellenz für die Forschungsleistungen im Rahmen der Promotion und einer entsprechenden institutionellen Umgebung legen die Prinzipien besonders auf verschiedene Aspekte wert, die für die europäische Forschungspolitik insgesamt prägend sind. Zu den Prinzipien der Doktorandenausbildung gehört demnach nicht nur Interdisziplinarität, sondern die Forschung soll bereits in dieser Phase mit potentiellen Nutzern und Arbeitgebern verknüpft werden. Zudem zählen aus der Perspektive der Kommission internationale Netzwerke sowie eine Ausrichtung auf auch außerhalb der Wissenschaft nutzbare ‚skills‘ zu einer innovativen Doktorandenausbildung. Zu den strukturellen Aspekten der Promotionsphase findet sich nur die sehr abstrakte Aussage, dass die Zulassung, die Betreuung und die Bewertung der Doktoranden in „transparent and accountable procedures“ erfolgen sollen.

Die Kommission selbst hat die Durchsetzung dieser Prinzipien explizit mit der wettbewerblichen Vergabe von Fördermitteln an Hochschulen verknüpft.[42] Dies geschieht im Rahmen des achten Forschungsrahmenprogramms ‚Horizon 2020‘ durch die Förderlinie ‚Initial Training Networks‘. Derzeit werden jedes Jahr aus dem achten Forschungsrahmenprogramm mehrere hundert Millionen Euro für dieses Programm wettbewerblich vergeben, unter anderem durch die Ko-Finanzierung von innovativen Pro-

---

41 http://ec.europa.eu/euraxess/pdf/research_policies/Principles_for_Innovative_Doctoral_Training.pdf (25.3.2015).

42 Mitteilung der Kommission, Wachstum und Beschäftigung unterstützen – eine Agenda für die Modernisierung von Europas Hochschulsystemen, KOM(2011) 567 endg., S. 6: „Durch Verknüpfung der Finanzierung mit den EU-Grundsätzen für innovative Doktorandenausbildung wird es möglich sein, mehr Forscher/innen besser und schneller auszubilden.“

grammen an verschiedenen Universitäten der Mitgliedstaaten.[43] Zudem werden gemeinsame europäische Doktorandenprogramme sowie Doktorandenprogramme, die eine Kooperation mit der Industrie vorsehen, gefördert. Dabei werden bereits in den Ausschreibungsunterlagen detaillierte Vorgaben für die Organisations- und Entscheidungsstrukturen sowie die Eckpunkte der gemeinsamen Angebote gemacht.[44] Die Ausrichtung an den genannten Prinzipien wird ausdrücklich verlangt. Zudem werden weitere europäische Forschungsstandards durch die Ausschreibungen durchgesetzt, etwa die Europäische Charta für Forscher.[45]

## *IV. Konsequenzen*

Die Veränderungen der Promotionsphase sind nicht etwa das Ergebnis von disziplinären, interdisziplinären oder jedenfalls institutionellen Reflexionsprozessen über Stärken und Schwächen vorhandener Promotionsstrukturen der wissenschaftlichen Enrichtungen, auch nicht etwa Reaktionen auf gesetzliche Vorgaben der Landesgesetzgeber, sondern sie entstehen typischerweise extern und werden im Zusammenwirken verschiedener Akteure als extern definierte wirkliche oder vermeintliche „Gold-Standards" zur Lösung intern umgesetzt. Insofern kann man von einer nahezu unsichtbaren *Governance by stealth*[46] sprechen. Das wirft eine Reihe von Fragen nach den Folgen auf: Zunächst einmal ist offen, welche Effekte ein neues Modell der Promotionsphase überhaupt hat, und ob es den verbreitet diagnostizierten Defiziten der Promotionsphase zu begegnen vermag (1.). Zudem sind damit inneruniversitäre Konsequenzen verbunden (2.). Schließlich lenkt die Analyse den Blick darauf, dass die Regelungsstrukturen der universitären Forschung offenkundig nur noch institutionsübergreifend zu verstehen sind (3.).

---

43 Beschluss des Rates vom 3. Dezember 2013 über das Spezifische Programm zur Durchführung des Rahmenprogramms für Forschung und Innovation „Horizon 2020" (2013/743/EU), ABl. 2013 L 347/965.

44 Siehe die Ausschreibungsunterlagen unter http://ec.europa.eu/research/participants/portal/doc/call/h2020/h2020-msca-itn-2014/1590152-itn_2014_-_guide_for_applicants_1.2_en.pdf (25.3.2015).

45 Dazu *Pilniok*, Governance im europäischen Forschungsförderverbund (Fn. 3), S. 237 ff.

46 Vgl. mit Blick auf die Europäische Union *Majone*, Dilemmas of European integration: the ambiguities and pitfalls of integration by stealth, Oxford 2005.

### *1. Elemente eines neuen Modells – eine Lösung für die Defizite?*

Es fällt auf, dass die Neuerungen nicht etwa bezogen sind auf eine interne Defizitanalyse der derzeitigen Situation. Zwar kann man eine Reihe von Defiziten als offenkundig unterstellen, wie etwa eine eher defizitäre Betreuung und fehlende disziplinäre Standards der Auswahl und Bewertung, die auch nur schwer zu institutionalisieren sein dürften, wenn man dem Modell einer unveränderten Meister-Schüler-Promotion folgt. Darauf bezogene Neuerungen dürften daher durchaus auf mehr Akzeptanz stoßen, insbesondere dann, wenn sie die diziplinäre Reflexion von Standards in Einrichungen fördern. So lassen sich manche der Veränderungen gut rechtfertigen und als sinnvolle Weiterentwicklung konzipieren. Aber gilt dies generell? Es ist ja aufgrund des bisherigen Datenmaterials und der zugegebenermaßen noch anekdotischen Evidenz keinesfalls ausgemacht, dass eine Lösung *one size fits all* die optimale Variante ist. Schon gar nicht ist dies für alle Fachkulturen sinnvoll. Es macht wenig Sinn, den Rekurs auf Fachkulturen nur als ein Argument zur Sicherung des status quo zu verstehen. Denn in diesen schlagen sich eben auch lange Erfahrungen nieder, die zumindest ausgewertet zu werden verdienen. Aber offenkundig hindert dies ebensowenig beständig neue Vorschläge und Weiterentwicklungen oder die Re-Vitalisierung alter Hüte, noch ehe institutionelle Neuerungen überhaupt in ihren Effekten bewertet werden konnten. Denn jede Neuerung, jedenfalls mit institutioneller Relevanz, hat ja für ihre Bewertung eine mehrjährige Vorlaufphase – die mittlere Dauer von Promotionen. Effekte werden ohnehin erst nach Ablauf größerer Zeit erkenn- und bewertbar. So viel Zeit aber hat der entgrenzte Reformprozess offenkundig nicht.

### *2. Konsequenzen für die Universitäten*

#### *a) Konsequenzen für die Selbstverwaltung*

Den Gremien der akademischen Selbstverwaltung, die vom Wissenschaftsrat als die eigentlichen Adressaten der institutionellen Reform benannt werden, verbleibt nur ein eingeschränkter Spielraum zur Ausgestaltung der Promotionsphase. Zwar bleiben sie – schon aus verfassungsrechtlichen Gründen – das Beschlussorgan für die Promotionsordnung. Die Entscheidungen sind jedoch, wie oben skizziert, außerhalb der Fakultäten und Fachbereiche determiniert: durch die Akteure der externen Governance einerseits und die Hochschulleitung und Administration andererseits. Nicht übersehen werden kann aber auch, dass damit Probleme der kollegialen Verantwortung, die als Blockaden oder Nivellierungsmechanismen instrumentalisiert werden (können), ausgehebelt werden können.[47] Zweifellos hat sich die klassische akademische Selbstverwaltung oftmals als Hort der Verhinderung struktureller Innovationen erwiesen. Aber sie ist eben auch der Ort, an dem dezentrales Wissen darüber vorhanden ist oder doch generiert werden kann, wie die Wissenschaft und Ausbildung *hands on* funktioniert. Nur hinreichend responsive Mechanismen dürften daher in der Lage sein, auch nachhaltige Innovationen der Promotionsphase durchzusetzen.

Nicht zu übersehen sind auch die Schwierigkeiten durch die Pluralisierung der externen Governance. Wie die obige Analyse deutlich gemacht hat, bemüht sich eine Vielzahl von Akteuren um die Reform der Promotionsphase. Auf nationaler Ebene hat sich ein neues Modell herausgebildet, das freilich je nach befasstem Akteur noch Varianzen im Detail aufweist. Das Leitbild der Promotionsphase, das in der Forschungsförderung der Europäischen Kommission zum Ausdruck kommt, ist damit nur teilkompatibel und setzt andere Schwerpunkte. Insofern stellt es eine Herausforderung für die universitäre Selbstverwaltung dar, diesen Anforderungen möglichst gleichzeitig gerecht zu werden. Das wird absehbar mehr *talk* als *action* hervorbringen und vermutlich über die Anziehungskraft des größeren Etats gelöst werden.

### *b) Zentralisierung und neue Rollen für die Administration*

Neben der Reform von Promotionsordnungen und der Schaffung strukturierter Promotionsprogramme zählt die Einrichtung von zentralen inneruniversitären Graduiertenschulen zu wichtigen Bausteinen der Reform. Diese Entwicklung wird nunmehr – wie gesehen – zu einer Forderung von zweien der wichtigsten Akteure der externen Governance. Wenn die Einrichtung von zentralen Graduiertenschulen sich zukünftig für eine Förderung durch die DFG als funktionales Äquivalent zu einer Systemakkredi-

47 Zu den Defiziten der Kollegialität die Analyse von *Schimank*, Hochschulforschung im Schatten der Lehre, Frankfurt/M. 1995, S. 222 ff.

tierung für die Doktorandenausbildung erweisen sollte, könnte dies zu nachhaltigen Effekten der externen Governance auf die Binnenorganisation der Universitäten führen.

Mit vielfältigen Varianzen im Detail lassen sich exemplarisch einige Organisations- und Aufgabenprofile von zentralen Graduiertenschulen skizzieren:[48] Sie sollen erstens die verschiedenen Promotionsprogramme innerhalb der Universität bündeln. Damit geht in der Regel die Homogenisierung der Standards im Sinne des oben skizzierten Modells einher, deren Einhaltung zum Teil Voraussetzung für die Beteiligung dezentraler Programme an der zentralen Graduiertenschule ist.[49] In diesen Fällen werden die Standards über die Fächer hinweg auch inneruniversitär durchgesetzt. In anderen Fällen ist eine Mischung aus zentraler und dezentraler Verantwortung vorgesehen.[50] Charakteristisch ist in diesen Fällen die Einbindung der Fakultäten in diesen Zusammenhang.[51] Zweitens, und eng damit

---

48 Exemplarisch werden hier die Mitgliedsuniversitäten des „U15"-Zusammenschlusses von 15 forschungsstarken Universitäten in den Blick genommen; vgl. insoweit Dahlem Research School (FU Berlin); Humboldt Graduate School (HU Berlin); Bonn International Graduate Schools (Rheinische Friedrich-Wilhelms-Universität Bonn); GRADE – The Goethe Graduate Academy (Goethe-Universität Frankfurt/Main); Internationale Graduiertenakademie (Albert-Ludwigs-Universität Freiburg); Albertus Magnus Graduate Center der Universität Köln; Graduate Center LMU, der LMU München; Zentrale Graduiertenakademie (Universität Tübingen), die in derzeit 3 Sektionen gegliedert ist; University of Würzburg Graduate Schools, die als Holding von vier selbständigen, sektoralen Gradiertenschulen ausgestaltet ist; die Georg-August-Universität Göttingen hat drei zentrale Graduiertenschulen jeweils für Natur-, Gesellschafts- und Geisteswissenschaften mit ähnlichen Funktionen eingerichtet.

49 So explizit etwa die Dahlem Research School, http://www.fu-berlin.de/sites/promovieren/drs/membership/index.html (23.3.2015), ähnlich UWGS Würzburg, http://www.graduateschools.uni-wuerzburg.de/uwgs/general_information/ (25.3.2015).

50 So betont die Universität Tübingen die Trägerschaft der Fakultäten und deren Verantwortung für die Qualitätssicherung, https://www.uni-tuebingen.de/forschung/graduiertenakademie/ueber-uns.html (25.3.2015); Graduate CenterLMU, http://www.graduatecenter.uni-muenchen.de/ueber_uns/index.html (25.3.2015); wohl eher als Koordinationseinrichtung geplant AMGC Köln, http://amgc.uni-koeln.de/6064.html (25.3.2015); Graduiertenakademie der Universität Heidelberg, http://www.graduateacademy.uni-heidelberg.de/md/gradakad/akademie/satzung2013.pdf (25.3.2015).

51 Exemplarisch etwa Graduiertenakademie der Universität Heidelberg, http://www.graduateacademy.uni-heidelberg.de/md/gradakad/akademie/satzung2013.pdf (25.3.2015); Zentrale Graduiertenakademie Uni Tübingen, https://www.uni-tuebingen.de/forschung/graduiertenakademie/ueber-uns.html (25.3.2015).

verknüpft, stehen Qualitätssicherung und Evaluation der Programme vielfach im Zentrum der Selbstbeschreibung.[52] Auch wenn die Autonomie der Fakultäten und ihrer Promotionsprogramme gewahrt wird, entsteht zum Teil ein permanenter Berichts- und Rechtfertigungszusammenhang gegenüber der Universität insgesamt. Drittens zählt zu den Aufgaben der zentralen Graduiertenschulen stets, überfachliche Angebote für alle Promotionsprogramme anzubieten. Die organisatorische Einbettung in die Universitäten und das Verhältnis zu den Fakultäten ist freilich nicht immer klar ersichtlich. Häufig entstehen komplexe Organisationsstrukturen, die nicht immer frei von erheblichen Kommunikations- und Koordinationskosten sein dürften. Teils sind sie als zentrale Einrichtungen direkt an die Universitätsleitungen angebunden,[53] teils sind sie in die Universitätsverwaltungen eingegliedert,[54] teils werden sie mitgliedschaftlich konstituiert und damit aus den Steuerungszusammenhängen partiell herausgelöst.[55] Insoweit lässt sich ein durchaus zwischen Zentralität und Dezentralität oszillierendes Bild zeichnen. Gleichwohl ist nicht zu übersehen, dass die Graduiertenphase eine deutliche Betonung auch von Seiten der zentralen Leitungen erfährt, zudem fällt die starke Einbindung in den administrativen Kontext auf.

Mit dieser Entwicklung geht auch eine neue Rolle für die Administration der Universität einher. Neue Formen der Promotionsausbildung wie (zentrale) Graduiertenschulen erzeugen unweigerlich einen personellen und finanziellen Ressourcenbedarf. Diese Personalkategorie des Hochschulmangements ist mit ‚Verwaltung' nur noch unzureichend umschrieben. In der Hochschulforschung wird teilweise von einem *third space* gesprochen, neben dem akademischen Personal in Forschung und Lehre und

---

52 Ausdrücklich die Leitlinien für strukturierte Promotionsprogramme der Humboldt Graduate School, https://humboldt-graduate-school.de/de/programme/qualitatssicherung/leitlinien2012 (23.3.2015).

53 Als Beispiel: Die Dahlem Research School als Teil der „Strategischen Zentren", die an die Universitätsleitung angeliedert sind, vgl. http://www.fu-berlin.de/einrichtungen/media/organigramm_freie_universitaet.pdf?1331889993 (23.3.2015).

54 Als Beispiel: Die Internationale Graduiertenakademie der Albert-Ludwigs-Universität Freiburg ist Teil der Forschungsförderabteilung, vgl. http://www.frs.uni-freiburg.de (23.3.2015).

55 Als Beispiel: Satzung der Humboldt Graduate School, abrufbar unter https://humboldt-graduate-school.de/de/humboldt-graduate-school/aufgaben/satzung-der-hgs (23.3.2015).

der Verwaltung im engeren Sinne.[56] Auch sind die Professionalisierungsprozesse verschiedener Gruppen innerhalb der managementorientierten Hochschulverwaltung hervorgehoben worden.[57] Insofern liegt hier nur eine Ausprägung einer allgemeinen Entwicklung vor. Damit geht einher, dass für die Ausgestaltung der inneruniversitären Organisation und damit implizit auch die Ermöglichung oder Begrenzung wissenschaftlichen Handelns Entscheidungen im Bereich dieses Hochschulmanagements getroffen werden. Trotz einer größeren Nähe zur Wissenschaft – etwa durch die eigene wissenschaftliche Qualifikation – folgen diese Entscheidungen letztlich einer strategisch-administrativen Handlungslogik.

Auch hier gilt, dass die Anstöße und Auseinandersetzungen, etwa über die Fachspezifika der Bewertung von Forschungsleistungen, durch inneruniversitäre Standards und Homogenisierungsversuche durchaus positive Aspekte haben. Es gilt freilich, die Balance zu wahren zwischen strategisch-administrativ gesteuerten Einheitslösungen und dezentralen, experimentellen Lösungen, die sich auch an der Eigenlogik der Fächer orientieren können. Auch hier wird man ein Auge darauf haben müssen, dass die zentralen Einrichtungen nicht zu mittelkonsumierenden Bürokratien werden, deren Effekte auf die Qualität der Promotionsphase eher gering sind und deren Bürokratiekosten auch in Form von Zeitverschwendung eher hoch sein dürften.

---

56 Vgl. etwa *Whitchurch*, Shifting Identities and Blurring Boundaries: the Emergence of *Third Space* Professionals in UK Higher Education, in: Higher Education Quarterly 62 (2008), S. 377 ff.

57 Dazu aus organisations- und professionssoziologoscher Perspektive *Krücken/Blümel/Kloke*, Hochschulmanagement – Auf dem Weg zu einer neuen Profession?, in: WSI-Mitteilungen 5/2010, S. 243 ff.; *Blümel/Kloke/Krücken*, Restrukturierung statt Expansion: Entwicklungen im Bereich des nichtwissenschaftlichen Personals an deutschen Hochschulen, in: Die Hochschule 2/2010, S. 154 ff.; *Jüttemeier/Krücken*, Administratives Hochschulmanagement als Erfolgsfaktor im wissenschaftlichen Wettbewerb? Eine quantitative Analyse der Personalentwicklung an Universitäten der 3. Förderlinie der Exzellenz-Initiative, in: Hochschulmanagement 2013, S. 25 ff.

### *3. Konsequenzen des Zusammenspiels interner und externer Governance der Promotionsphase*

Es liegt auf der Hand, dass dieser Befund in einem deutlichen Kontrast zum Modell des universitären Organisationsrechts steht, wie es exemplarisch etwa der Rechtsprechung des Bundesverfassungsgerichts zu Grunde liegt. Man kann dieses Modell aus vielen Gründen als unzureichend kritisieren; nicht zuletzt werden dabei die Kompetenzen der akademischen Selbstverwaltung nur im Rahmen des inneruniversitären Gefüges in den Blick genommen. Aus dieser Perspektive wurden zuletzt Korrekturen zugunsten der Kollegialorgane in veränderten inneruniversitären Entscheidungsstrukturen eingefordert.[58] Ob dies den Herausforderungen Rechnung trägt, vor denen Wissenschaftseinrichtungen stehen, kann man ebenso bezweifeln wie die Tauglichkeit eines solchen Modells im Hinblick darauf, dass die Entscheidungsprozesse aus den Einrichtungen der Selbstverwaltung zumindest partiell auswandern. Insoweit – und dieser Befund geht über die Gestaltung der Promotionsphase hinaus – ruhen diese Urteile auf unvollständigen Prämissen und einem unzureichenden Modell,[59] eben weil die Regelungsstrukturen der universitären Forschung nicht übergreifend und insbesondere im Hinblick auf das Zusammenspiel von interner und externer Governance in den Blick genommen werden.

Der Blick richtet sich dann verstärkt auf die Akteure der externen Governance, ihre Organisationsstruktur, Entscheidungsprämissen und Verfahrensweisen. Ohne dass dies hier im Einzelnen geleistet werden kann, sei doch auf einige naheliegenden Fragen hingewiesen. Diese betreffen im nationalen Rahmen insbesondere die DFG. Ihr Legitimationsmodell, das auf der Selbstbeschreibung als ‚Selbstverwaltung der Wissenschaft‘ aufruht, war klassischerweise auf das Normalverfahren der Forschungsförderung ausgerichtet, wird aber möglicherweise brüchig, wenn sie im Rahmen strukturierter Programme auch hochschulorganisationsbezogene Standards zu homogenisieren sucht. Während die Rahmengesetzgebung des Bundes abgeschafft worden ist und man jedenfalls hinsichtlich

58 Zuletzt BVerfGE 127, 87 – Hamburgisches Hochschulgesetz; BVerfG 1 BvR 3217/07, NVwZ 2014, S. 1370 ff. – Medizinische Hochschule Hannover.

59 Allerdings kann das Bundesverfassungsgericht wie alle Gerichte nur die Fälle entscheiden, die ihm auch vorgelegt werden. Wohl aber führt die Weitertragung dieser Erkenntnisse, ohne deren Grenzen zu beachten, dazu, dass aus dem rechtlichen Diskurs wesentliche Aspekte ausgeblendet werden.

des Detailgrads Zweifel anmelden könnte, ob ein solches Modell der Promotionsphase überhaupt Gegenstand gesetzlicher Vorgaben werden könnte, werden durch *governance by gold standards* munter durch Vergabebedingungen in einem verschärften Mittelwettbewerb einheitliche Standards gesetzt. Sie lassen Universitäten und Fakultäten ebenso wie den Bundesländern nur begrenzten Raum für institutionelle Entdeckungsverfahren. Ob dies auf Dauer gesehen nicht die Legitimationsressourcen der DFG überschreitet, mag man bezweifeln. Vor allem sollte man nicht vergessen, dass dezentrale Innovationsprozesse zwar nicht immer den Goldstandard hervorgebracht haben, aber immerhin eine erhebliche Dynamik erzeugen können, die nicht durch zentrale Standardsetzung stillgestellt werden sollte. Die Systemeffekte müssen keineswegs nur positiv sein. Das Gleiche gilt für die beobachtbaren Zentralisierungsbewegungen innerhalb der Universitäten.

## *V. Fazit*

Es ist hier nicht der Raum, um allen Voraussetzungen und Folgen dieses Modells externer Governance nachzugehen, zumal diese – wie gesagt – nicht auf die Promotionsphase beschränkt sind. Wohl aber sollte auf die Phänomene einer Auswanderung der Standardsetzung aus der akademischen Selbstreflexion aufmerksam gemacht werden. Wie so häufig lassen sich diese auch begreifen als eine Folge zu lange aufgeschobener Reformen oder deren Verweigerung. Aber selbst wenn man das anerkennt, kann die Anwort nicht sein, dass über neue Formen externer Governance diese Reflexionsprozesse ersetzt werden. Nur hinreichend responsive institutionelle Arrangements sind in der Lage, auch nachhaltige Veränderungen zu bewirken.

# Autorenverzeichnis

*Cottier, Michelle*
Prof. Dr. iur., M. A., Professorin für Zivilrecht, Juristische Fakultät, Universität Genf.

*Maiwald, Kai-Olaf*
Prof. Dr. phil., Professor für Mikrosoziologie und qualitative Methoden am Fachbereich Sozialwissenschaften, Universität Osnabrück, Mitglied des Kollegiums des Instituts für Sozialfoschung an der Universität Frankfurt am Main.

*Pilniok, Arne*
Jun.-Prof. Dr. iur., Juniorprofessor für Öffentliches Recht, Verwaltungswissenschaften und rechtswissenschaftliche Fachdidaktik, Fakultät für Rechtswissenschaft, Universität Hamburg.

*Repgen, Tilman*
Prof. Dr. iur., Dekan, Lehrstuhl für Deutsche Rechtsgeschichte, Privatrechtsgeschichte der Neuzeit und Bürgerliches Recht, Fakultät für Rechtswissenschaft, Universität Hamburg.

*Rixen, Stephan*
Prof. Dr. iur., Lehrstuhl für Öffentliches Recht, Sozialwirtschafts- und Gesundheitsrecht, Rechts- und Wirtschaftswissenschaftliche Fakultät, Universität Bayreuth.

*Tesch, Jakob*
Wissenschaftlicher Mitarbeiter, Institut für Forschungsinformation und Qualitätssicherung, Berlin.

*Torka, Marc*
Dr. phil., Wissenschaftlicher Mitarbeiter, Institut für Sozialforschung der Universität Frankfurt, Wissenschaftszentrum Berlin für Sozialforschung, Visiting Fellow der University of Sydney.

*Tremp, Peter*
Prof. Dr., Leiter der Abteilung Forschung und Entwicklung, Pädagogische Hochschule Zürich.

*Trute, Hans-Heinrich*
Prof. Dr. iur., Lehrstuhl für Öffentliches Recht, Telekommunikations- und Medienrecht, Fakultät für Rechtswissenschaft, Universität Hamburg.

*Van Hoecke, Mark*
Prof. Dr., Forschungsprofessor für Rechtstheorie und Rechtsvergleichung, Director Doctoral School Arts, Humanities and Law, Universität Gent.

FSC
www.fsc.org
MIX
Papier | Fördert gute Waldnutzung
FSC® C083411

Kolibri 360 GmbH
Ferdinand-Jühlke-Straße 7
99095 Erfurt, Deutschland
produktsicherheit@kolibri360.de